中国旅游发展年度报告书系
Annual Development Report of China's Tourism

中国休闲发展年度报告

2012—2013

ANNUAL REPORT OF CHINA LEISURE DEVELOPMENT 2012—2013

中国旅游研究院

北京·旅游教育出版社

《中国休闲发展年度报告》编辑委员会

主任委员 戴　斌　中国旅游研究院院长　教授　博士
编　　委（按姓名音序排列）
　　　　　保继刚　戴　斌　李天元　马　波　马晓龙　马耀峰
　　　　　田　里　肖洪根　谢彦君　张凌云　郑向敏　周玲强

《中国休闲发展年度报告》编辑部

主　　编 马晓龙　中国旅游研究院区域旅游发展与规划研究所负责人
　　　　　副研究员　博士
执行主编 黄　璜　中国旅游研究院区域旅游发展与规划研究所　博士
编辑部成员（按姓名音序排列）
　　　　　黄　璜　李　雪　马晓龙　王佳莹　吴丰林　张佑印

当代中国需要什么样的休闲研究？

——序《中国休闲发展年度报告2012—2013》

旅游和休闲的指向虽然有所不同，但是无论在内涵还是在外延上都有交叉。旅游是从空间意义上说的，人们只有经由空间移动并离开惯常环境，才有可能进入旅游的情境，并主要体现在目的地的各种短期活动中，包括但不限于休闲旅游、修学旅游和会议奖励旅游。休闲则是一个时间的概念，它是居民在工作时间、家务劳动时间和生理时间之外进行的消遣性活动，它可以在惯常环境中进行，也可以在非惯常环境中进行；可能是短期的行为，也可能是长期的习惯。从现实来看，大部分传统的旅游活动可以包含在休闲范畴内，毕竟旅游活动的进行需要有充裕的休闲时间作为保障。休闲生活要以促进旅游消费，特别是对于都市旅游来说，市民的休闲场所和生活方式也构成了自然和历史之外的第三类旅游资源。正是由于旅游与休闲在理论和实践两个方面相互依托、相互促进的紧密联系，也由于国家旅游局负有"指导国民休闲"的法定职责，中国旅游研究院从成立之日的那一天起就把休闲作为学科建设的战略方向，并集中以区域所为主的学术资源对国民休闲的供求规模、行为特征和发展趋势进行跟踪研究。

在进行具体的休闲理论和应用研究之前，可能需要我们先明确几个问题：谁的休闲？什么样的休闲？为休闲做些什么？

谁的休闲？也可以说我们的研究视角问题。休闲自古有之，在炎炎烈日下，农民在田地里辛苦，公子王孙也可以摇着扇子吟田园诗；路边有冻死者，朱门里也还会在红泥的小火炉边品味绿蚁新焙的美酒；数以亿计的农民工为谋一份糊口的工作，而恨不得除了春节都要工作，可是在体制内的公职人员和管理者已经在想着何时一周能够休息三天，每天工作六小时的休闲梦想了。如果不能把国民大众的休闲作为我们的研究对象，不能把身边的父老兄弟的日常生活和阶段性的休闲诉求作为我们的研究对象，那么我们无法承受得起学术伦理的考问，也无法在世界范围内与休闲文明对话，更无法制定经得起民意和历史检验的休闲政策。

什么样的休闲？则是研究对象的问题。如果说旅游有时间、收入和社会评价的约束的话，广义的休闲则是老百姓与生俱来、不可或缺的日常行为。过去的富贵人家听戏是闲时的乐子，一亩地、两头牛就很满足的农民也会有"老婆孩子热炕头"的快乐时光；乡下的孩子没有幼儿园上，就那儿坐在高高的谷堆旁边，也会听着妈妈讲那些过去的故事而入迷。所以休闲无关富有和贫穷，在大剧院听歌剧是休闲，田间炕头的"二人转"就不是休闲？在 iPad 上玩"植物大战僵尸"是休闲，在村边的树上掏喜鹊窝就不是休闲？我看不是这样吧。休闲甚至与时间的长短也没有必然的联系，休一个月的长假可以出国旅游，休息几个小时也可以逛逛街的。事实上，人们在从事完日常工作、家务劳动等以后，都会或多或少地留有一些休闲时间。问题是这些休闲时间有多长，在这些休闲时间干什么，全体国民休闲时间和休闲活动的最大公约数是什么，很关键。这些指标直接影响着国民大众的生活质量和幸福指数，我们得从国家和地区的经济社会发展条件出发，在科学评价国民休闲的现状的基础上，切实提出符合国情的阶段性休闲目标、休闲内容和休闲要素来。这需要学术群体的科学研究能力，包括问题的提炼、数据的获得与整理、观点的抽象与文字或者语言的表达能力，最重要的是能不能够切实从中国的休闲现状出发。我们动不动就基于"扎根理论"吗？"根"在哪里？就在休闲研究的具体对象中，就在国民休闲的现实环境中。

还有，为了国民大众的休闲需要做些什么？说实在的话，学者能够做的工作有限。这个问题主要是针对政府和企业说的，政府要为国民体闲创造好的经济基础和公共服务条件，企业要提供老百姓消费得起的休闲项目，以及公平、诚信、真诚的商业服务。前段时间我去了克拉玛依市调研，当地的休闲环境和市民的休闲生活给我留下很深的印象。政府提供了开放公园、体育健身、互连互通的图书馆网络、社区养老中心等大量的休闲设施，还有公共厕所、安全保卫等公共服务，这些都是免费的。居民在自己小区内就可以免费打球、健身、接受教练指导和心理咨询等，社区图书馆提供了丰富的书刊杂志等，居民的休闲生活过得十分充实。相比之下，我国很多城市在规划建设过程中，缺乏休闲服务和设施的合理配套，有时居民在小区周边散步遛弯都不方便，更不用说进行体育健身、文化娱乐等休闲活动了。很多农村地区缺乏必要的休闲设施，有的农村晚上甚至没有路灯，这样虽然农村居民在农闲时节有大量的休闲时间，也只能在室内进行打牌、看电视、聊天等休闲活动。如果说旅游发展的指向是打造游客和居民共享的生活空间，那么休闲则必须首先是面向本地居民的。政府和产业界的每一份努力，学者都应当看得见，给予及时的评价，并提出建设性的意见与建议。

2013年国务院办公厅下发了《国民旅游休闲纲要（2013—2020年）》，标志着休闲发展上升为国家战略，由国家主导的国民休闲已经启动，中国13亿多人口的休闲意识开始觉醒，即将跨入国民休闲时代。我们所倡导的休闲，肯定不是少数精英阶层所服务的休闲，而是为国民大众所共享、真正体现人民群众主体意识的休闲，发展休闲的最终目的是提高广大老百姓的生活质量和幸福指数。由是出发，休闲设施建设不仅仅是指高尔夫球场、私人会所，更应当是普通的体育公园、运动场馆、社区图书馆。甚至在广大的西部农村地区，一个夜晚拥有照明设施的操场就能让农村居民的休闲生活丰富起来。在发展休闲的过程中，也不能仅仅依靠政府建设公共服务设施，更应该注意营造商业性的休闲环境，引导各种类型的休闲企业投入到为居民休闲服务中去。我们所要发展的休闲，应当以发达国家的休闲生活状态为导向，但又与中国的经济发展阶段相适应，能够真正体现出中国居民的生活习惯和价值诉求，将休闲作为弘扬民族文化传统的重要载体。

中国旅游研究院开展休闲研究工作，既是呼应国民休闲的现实要求，也是一家学术机构理论建设的需要。在研究院学科建设纲要的统领下，经过两年多的努力，依托区域所的休闲研究平台初步搭建了起来，晓龙博士及其专业团队的水平也在稳步提高，开始形成了休闲研究的学术自觉。衷心希望青年学者群体在未来的研究过程中，真正做到从普通城乡居民的现实休闲需求出发，从休闲产业的商业实践和各地政府的公共服务实践出发，以更加坚定的学术自觉，为构建中国特色的休闲理论体系而做出这一代学人应有的贡献。

中国旅游研究院院长、教授、博士生导师
2013年9月3日

目 录
CONTENTS

第一章 绪 论 ··· 1
  一、休闲研究现状及趋势 ································· 2
  二、休闲的宏观背景 ····································· 8
  三、研究框架、研究方法、创新点和意义 ··············· 18

第二章 中国居民休闲时间特征研究 2012—2013 ··········· 23
  一、中国居民休闲时间总体特征 ························ 24
  二、不同人群休闲时间特征 ····························· 30
  三、中国居民休闲时间总量特征 ························ 33
  四、小结 ·· 41

第三章 中国居民休闲空间特征研究 2012—2013 ··········· 43
  一、城镇居民休闲空间研究 ····························· 44
  二、农村居民休闲空间研究 ····························· 57
  三、小结 ·· 67

第四章 中国居民休闲内容特征研究 2012—2013 ··········· 69
  一、中国居民休闲内容总体特征 ························ 70
  二、不同人群休闲内容特征 ····························· 74
  三、结论 ·· 91

第五章 中国休闲企业发展研究 2012—2013 ················ 93
  一、研究意义 ·· 94
  二、研究框架与数据来源 ································· 94

1

三、中国休闲类上市企业的总体状况 …………………………………… 96
四、非上市休闲企业的发展状况 ………………………………………… 120
五、结论 …………………………………………………………………… 126

第六章　中国休闲产业发展研究 2012—2013 …………………………… 129
一、旅游产业 ……………………………………………………………… 130
二、餐饮产业 ……………………………………………………………… 140
三、文化娱乐产业 ………………………………………………………… 145
四、体育健身产业 ………………………………………………………… 151
五、互联网产业 …………………………………………………………… 155
六、结论 …………………………………………………………………… 162

第七章　中国休闲产业发展的环境与预测 2012—2013 ………………… 165
一、2012—2013 年中国休闲发展环境分析 ……………………………… 166
二、中国休闲发展趋势预测 ……………………………………………… 168
三、中国休闲发展的对策与建议 ………………………………………… 172

第一章
绪 论

休闲关系到广大居民的根本福祉，又是企业不断扩张的热点领域，还是一个急需引领和推进的重点产业。但是，学术界、产业界和居民对于休闲的概念和内涵都有基于各自视角的解释，休闲和旅游的关系也尚不明晰。本章将对休闲与旅游的关系、休闲的相关概念、近几年国内外休闲研究进展进行简要述评，为后面对于休闲产业的深入研究奠定理论基础。

一、休闲研究现状及趋势

（一）休闲概述：休闲与旅游的关系

休闲与旅游二者相互包含，彼此依存，许多学者依然在讨论到底是休闲包含旅游还是旅游包含休闲。依据本报告的定义，休闲是人们在工作或者劳动之余所从事的一切使身心放松的活动的总称。它至少包含三层意思，一是有闲暇时间；二是从事休闲活动；三是达到身心的放松和精神的愉悦。而旅游是指为了某一特定目的，从一地到异地的游览、娱乐活动，既是空间意义上的活动，又是占据一定时间的行为过程。世界旅游组织给旅游下的定义是为了休闲、商务或其他目的离开惯常环境，到某些地方并停留在那里，但时间连续不超过一年的活动。休闲与旅游之间具有显著的差异性，也同样具有一定的相似性。

休闲与旅游的差异性体现在三个方面：第一，从时间和空间来看，旅游可以是短期或长期的活动，涉及空间的迁移，是物理位置的移动，从一个地方到另一个地方观览风景或看望某些人；休闲着眼于休养生息的状态，而不是时间限定、空间改变，可以随时随地进行，不要求连续，更容易进行。第二，从关联产业来看，旅游发生在异地，具有多样性、综合性的特点，与多个消费产业部门如餐饮、娱乐、购物密切相关；休闲因其灵活易行的特点，关系到吃穿住用行等更多的行业，它的空间要更大。第三，从涵盖面来看，旅游业是休闲业的一部分；休闲业包含了基本需求、文化、健身、娱乐、医疗、教育、艺术等产业，既有本地消费，又有异地消费，随时随地可以进行休闲的特点又决定了它有更长久和稳固的经济链。

休闲与旅游的相同点则体现在：第一，时间使用诉求相同。都是帮助人们更好地利用时间，促进身心平衡，以便于精神饱满地投入到新的工作学习中来。有人称之为"时间产业"，旨在帮助消费者利用时间，其中既有保障人们安全和健康的保险、医疗、服务及卫生行业，也有给人们提供欢乐的文娱观览活动。第二，社会基础相同。只有经济发展、物质产品满足了人们的基本需要，可自由支配的闲暇时间较多时，休闲和旅游才能成为一种自然而然的需求，满足更高级的享受。价值观的改变是以物质及经济状况为基础的，人们意识到了生活质量、享受生活的重要性，对休闲和旅游的关注也日益增多。第三，社会功能相同。休闲和旅游可以成为一个地方的经济支柱，对扩大内需、促进就业、刺激消费、拉动经济增长有重要作用。依靠休闲和旅游带动起来的地区，在文化建设、环境卫生、市容市貌上也会有极大的改善。第四，两者的定义外延同样模糊。休闲和旅游都是综合性的产业，与国民经济的多个部门关系紧密，包括交通、游览、住宿、购物、娱乐、饮食等，这是一个庞杂的产业群，旁涉多个消费领域，简单的定义无法廓清它们的边界。

（二）休闲的相关概念：休闲、休闲企业与休闲产业

关于"休闲"一词，不同时代不同国家的学者都试图做出中肯的说明。美国出版的《里特莱词典》将"休闲"解释为离开正规的业务，在正规的时间里进行娱乐和活动。日本学者认为休闲"不是为了增加财富和生计而进行的活动"。亚里士多德曾说，"休闲才是一切事物环绕的中心"，他把休闲提高到了如此高度；马克思认为，"休闲"一是指"用于娱乐和休息的余暇时间"，二是指"发展智力，在精神上掌握自由的时间"[①]，马克思的定义承袭了西方一贯把休闲与自我发展结合起来的看法。法国社会学家杜马慈迪埃（Joffre Dumazedier）在《走向休闲的社会》一书中认为"所谓休闲，就是个人从工作岗位、家庭、社会义务中解脱出来的时间，为了休息，为了消闲，或为了培养与谋生无关的智能，以及为了自发地参加社会活动和自由发挥创造力，是随心所欲活动的总称"。这些是现在国际上广泛接受的概念。本报告针对我国居民休闲特征和休闲产业供求状况进行分析，所指的休闲是"人们在工作或者劳动之余所从事的一切使身心放松的活动的总称"。居民的休闲活动包罗万象，从在家闭目养神，到其他地方旅游，各种活动性质差异巨大。具体而言，将居民的一天时

---

① 马克思，恩格斯. 马克思恩格斯全集：第26卷，第3分册. 北京：人民出版社，1975：287.

间分为工作时间、家务劳动和满足生理需要的时间、休闲时间三大部分。只要是居民在休闲时间里从事的活动都属于休闲活动的范畴。此外，本报告根据休闲活动的服务主体、活动性质、空间特征、活动效果等因素，将所有休闲活动分为旅游、餐饮购物、文化娱乐、体育健身、其他等五大类。居民休闲、休闲企业、休闲产业等各章均在此框架内进行分析研究。

休闲业是一个关联性非常强的行业，它是融合了第一、二、三产业的现代服务业，所以对于这一行业内的休闲企业也较难界定。这类商业机构经历了巨大的结构性分化，这些商业性休闲服务项目的分类，美国学者穆森提出了以下的序列：宾馆、汽车旅馆、饭店、田径运动场、高尔夫球场、网球俱乐部、健身俱乐部、剧院、主题公园、游泳池、私人经营的可供游泳的湖泊、划船俱乐部和码头、马术场、收费的垂钓园、钓鱼船只出租、天然的小型探险、岩洞探险、风景游览、猎手向导、射击场、台球厅、保龄球馆、滑雪场、溜冰场、假日农场和度假牧场、度假宿营地、野营中心、探险旅行和野炊场所等。我国学者马惠娣、郑胜华等人探讨了休闲企业概念、企业发展等问题，他们都倾向于把休闲服务企业定义为：旅游业、娱乐业、服务业和文化产业等经济形态和产业系统中的企业。但总体而言，休闲企业还没有形成一个固定的概念解释。本研究认为休闲企业是指以有形的空间设备、资源和无形的服务效用为手段，为居民在非劳动及非工作时间内以各种"玩"的方式求得身心的调节与放松提供场所和服务的独立经营核算经济单位。

从经济学的角度来说，休闲产业作为经济学的研究范畴，应该遵循经济学的定义方法，在经济学里，"休闲"被定义为"消费者在闲暇时间里的活动"（卿前龙，2007）[①]，那么休闲产业的形成就是为了满足消费者的休闲需求。他把休闲产业定义为："由消费者的休闲消费需求引发的、国民经济中生产休闲物品和休闲服务的行业总称，它广泛存在于国民经济三大产业之中。我们将存在于三大产业中的休闲产业部门分别称为休闲第一产业、休闲第二产业和休闲第三产业，对此简称为休闲农业、休闲工业和建筑业、休闲服务业。在现代社会中，休闲服务业是休闲产业的主体产业部门。"从经济学角度研究休闲产业，主要研究商业性休闲，对自给性休闲和公共部门提供的休闲不进行考察。因此，界定休闲产业，应该从商业性供给出发。有学者认为休闲产业是指由消费者的

---

① 卿前龙. 休闲产业：概念、范围与统计问题 [J]. 旅游学刊，2007（8）.

休闲需求（指以满足人们闲暇时间、身心愉悦、有支付能力的休闲需求）引发的提供休闲产品和服务的企业（以营利为目的）及其相关企业构成的企业群，是与人的休闲生活、休闲行为、休闲需求密切相关的产业领域（弓志刚，2012）[①]。也有学者认为休闲产业是一个高度融合型的产业，不仅涉及食、住、行、游、购、娱等核心产业，还同时与交通运输、信息服务、金融业、邮电通信业、房地产业等产业相互依托，共存共荣（郑胜华等，2009）[②]。也有学者认为界定休闲产业非常困难，称为"休闲相关产业"更为合理（休闲绿皮书，2010）[③]。休闲产业广泛融合于国民经济的各部门中，是其他产业发展到一定程度相互融合、演进而成的一个新的产业系统。休闲产业的产生和发展是经济发展和其他产业休闲化的必然结果。因此，本研究认为，休闲产业是由消费者的休闲消费需求引发的、国民经济中那些生产休闲物品和休闲服务的行业总称。

表1-1 休闲活动、休闲企业与休闲产业的分类与特征

比较项	类型	特征
休闲活动	旅游 餐饮购物 文化娱乐 体育健身 其他	文化娱乐占主体 城乡差异大 性别、年龄差异大
休闲企业		结构多元化 发展不均衡化 产品供给多样化 科技手段高端化
休闲产业		多元性 综合性 关联性 发展性

[①] 弓志刚，杨琛丽. 基于共生理论的休闲产业发展理论框架分析[J]. 商业时代，2010（22）.
[②] 郑胜华，宋国琴. 休闲产业链整合及其策略体系研究[J]. 商业经济与管理，2009（9）.
[③] 刘德谦，高舜礼，宋瑞. 2010休闲绿皮书——2010年中国休闲发展报告. 北京：社科文献出版社，2010.

（三）近几年国内外休闲研究述评

文献研究的结果表明，目前休闲研究的领域主要包括：休闲业基本理论研究，休闲产业与经济研究，休闲业的消费行为研究，休闲空间规划，休闲旅游研究，休闲文化研究以及跨领域的比较或综合研究等。目前的研究趋势是从实证的角度对城市休闲产业进行了研究。例如，苏州"都市农夫"休闲旅游发展模式研究（薛玉明等，2011）[1]、唐山市休闲旅游产业链研究（孙慧等，2010）[2]；刘晓莲[3]（2012）对影响城市居民休闲活动参与的因素进行了实证研究；易帆、罗明义[4]（2011）则探讨了滇西片区休闲旅游产品体系的开发。也有学者将休闲产业与宏观经济相结合进行研究，如蒋政音[5]（2013）认为休闲产业的发展，必将为我国加快转变经济发展方式创造新的机遇；戴宏伟[6]（2012）从广义虚拟经济的视角，对我国现代旅游休闲产业发展中存在的问题进行了分析，并提出了树立"大旅游"和"旅游—休闲"的理念、拓展产业链条、推进旅游休闲产业的组织制度创新、提高服务水平、加强行业监管等对策建议；孙妍[7]（2010）详细地分析了休闲第一产业、休闲第二产业以及休闲第三产业对经济发展的影响；游淞辉等[8]（2011）则对体育休闲产业与城市发展的互动关系进行了研究；吴海民[9]（2011）认为休闲产业有利于促进国民经济的发展。黄志峰[10]（2010）研究了我国休闲产业的发展，指出我国休闲产业存在发展不平衡，标准与政策法规的缺乏等问题。

从研究现状来看，主要表现出以下特点：

第一，论文选题具有特定的集中性和倾向性。理论研究热点集中在三个方面：一是休闲经济，讨论休闲经济的论文占到了总论文数量的四分之一；二是

---

[1] 薛玉明，侯爱敏，程清钰. 苏州"都市农夫"休闲旅游发展模式研究［J］. 中国城市经济，2011（3）.

[2] 孙慧，王淑娟，刘晓春，池重. 唐山市休闲旅游产业链创新研究［J］. 中国商贸，2011（3）.

[3] 刘晓莲. 城市居民休闲活动参与的影响因素研究［J］. 企业经济，2012（9）.

[4] 易帆，罗明义. 浅谈滇西片区休闲旅游产品体系开发［J］. 经营管理者，2011（8）.

[5] 蒋政音. 休闲产业与转变经济发展方式［J］. 改革与开放，2013（7）.

[6] 戴宏伟. 广义虚拟经济与现代旅游休闲产业发展［J］. 广义虚拟经济研究，2010（1）.

[7] 孙妍. 浅析休闲产业对经济发展的影响［J］. 西北民族大学学报，2010（5）

[8] 游松辉，秦海权，等. 体育休闲产业与城市发展的互动关系［J］. 上海体育学院学报，2011（1）.

[9] 王劲屹，吴海民. 经济衰退时期休闲产业的振兴之道［J］. 时代金融，2011（3）.

[10] 黄志峰. 略论我国休闲产业发展的现状及对策［J］. 南京航空航天大学学报，2010（2）.

城镇居民休闲消费和休闲行为，这个领域以其与时代紧密结合的特点而吸引了许多研究者的关注；三是城市休闲空间规划和设计，城市化的发展和现代化进程的加快，促进了城市休闲空间和设施的建设，打造休闲城市成为许多城市的规划发展目标。

第二，相关研究存在学术空白和缺陷。主要是对现实问题集中关注，而忽视休闲理论研究，比如对休闲研究的对象、核心问题、研究方法等论述不够，必将影响休闲研究基础的扎实和长远的研究发展。

第三，研究方法单一。虽然研究者在研究过程中涉及人类文化学、历史、哲学、经济学、管理学、社会学、心理学、土木工程等十几个学科，但是对其他领域方法的借鉴未发挥足够的创造性。另外在研究中，绝大多数的作者都采用介绍性、描述性、总结性和推理性的研究方法，而实证分析、模型分析和定量分析比较少见，因此造成研究过程中技术手段的运用比较单一。

第四，成果应用性较差。与国外相比，我国的休闲研究相对滞后，在理论研究和应用水平上还有很大差距，很多研究是纯理论方面的探讨，应该致力于将成熟的理论研究应用到实际中去，产生实际效益。

基于以上分析，可以明确我国休闲研究的基本方向：

（1）在研究对象上。一是要增加休闲理论研究；二是增加我国居民休闲生活的深度和广度研究；三是及时关注新型的休闲产业，把它纳入到整个现代服务业的大背景中考察。

（2）在研究视角上。鼓励跨学科的研究，利用休闲研究本身的综合性、多元性，结合其他学科的研究成果，把握好自身定位的前提下，扩大研究视野，更好地认识研究对象。

（3）在研究方法上。一是借鉴国内外先进的研究成果和研究方法，推进研究的创新；二是宏观研究与微观研究相结合，既要从总体上认识休闲研究的大环境，又要从细节入手，从中国的国情出发，实地调查，构建合理的理论框架和实践模式。

（4）在研究目标上。在借鉴西方完善的理论体系和知识构架，结合中国国情，详细考察的基础上，对症下药，找到适合中国休闲业发展的方向和道路。

二、休闲的宏观背景

（一）国家战略的支持为休闲发展营造了良好的政策环境

自国务院将旅游业确定为国民经济的新的增长点以来，全国各省市自治区分别出台了相应的鼓励政策。历时三年，几易其稿，于2013年2月2日正式获批、2013年2月18日正式发布的《国民旅游休闲纲要（2013—2020年）》为休闲产业的发展开辟了广阔的空间。纲要指出在积极推动带薪休假制度渐进落实，保障国民旅游休闲时间的同时，要加大政策和资金支持，推进旅游基础配套设施建设，加强旅游休闲产品开发与活动组织，丰富旅游产业链。此外，纲要对增强和普及国民休闲意识，提高国民休闲参与度，加快推进休闲公共服务建设，建立引导休闲发展的有效工作体系，大力推动休闲产业发展成为一项国家战略等方面具有重要意义。随着我国经济的发展和人民收入水平的提高，由国家政策层面鼓励而引发的休闲消费效应日趋明显，休闲度假、休闲购物、休闲体育、休闲旅游逐渐成为人们追求生活意义和实现自我发展的一种生活方式。在此背景下，我国旅游业总收入、住宿和餐饮业增加值、文体娱乐业增加值等从2006年到2011年都有了一个较快的增速（如图1-1所示）。

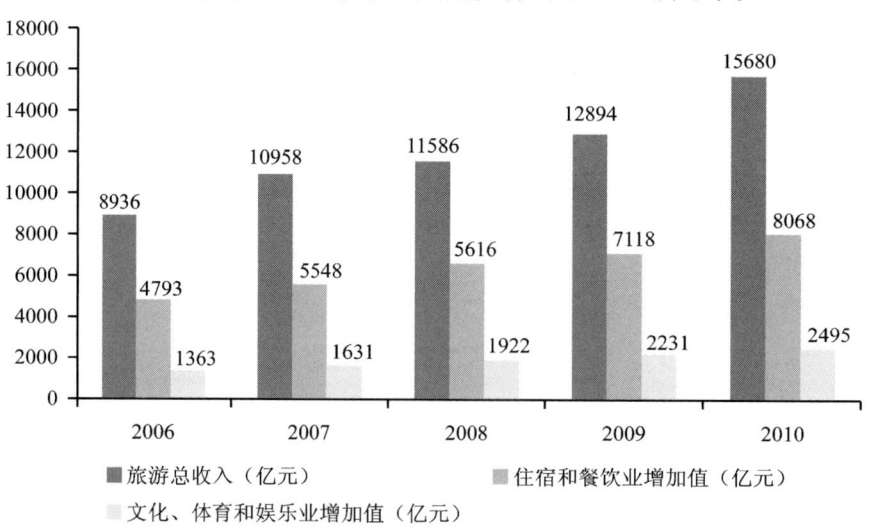

图1-1　2006—2010年主要休闲产业发展情况

在国家宏观层面的政策引导下，国家旅游局在原有《中国优秀旅游城市》工作基础上，借鉴西方国家城市的经验，积极制定相关的《休闲城市创建、服务与管理导引标准》，指导休闲城市的开发、建设、管理、运营。文化部等其他各大部委也积极完善休闲产业相关制度，2012年文化部颁布的《文化部"十二五"时期文化产业倍增计划》以及《文化部关于加强非物质文化遗产生产性保护的指导意见》中均明确指出休闲文化产业的重要意义。此外，随着运动场所的不断增加，随处可见的社区健身一角，各大体育馆、游泳馆，各种健身房、瑜伽练功馆，都成了人们热衷的锻炼场所。居民家庭的教育投资理念也不断增强，无论是成人工作之余的充电，还是子女的课外兴趣班，居民的教育支出大幅增长，教育水平不断提高，人们对于休闲的认识也更为积极，休闲和旅游逐渐成为人们重要的生活方式。

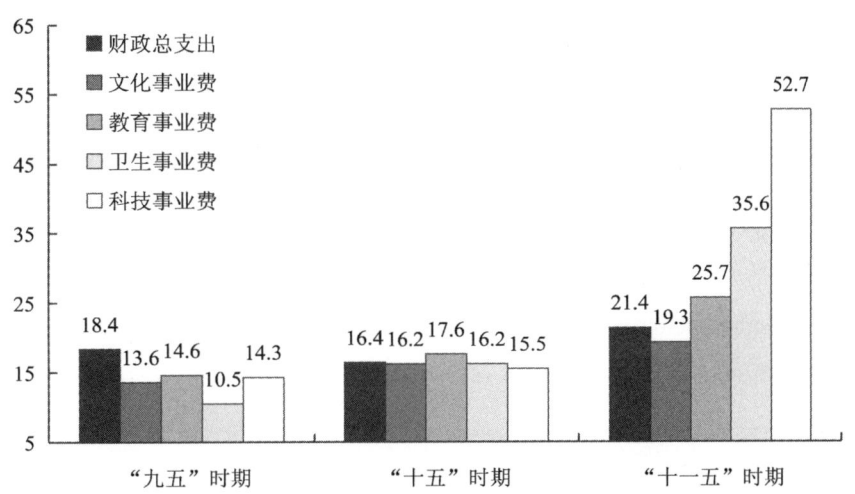

图1-2 我国各时期社会事业费年均增长速度比较

近年来，各地方政府也开始全面落实科学发展观，更加注重把改善居民休闲环境、提升休闲竞争力与完善休闲基础设施功能、科学确定休闲城市定位、构建和谐休闲城市等方面进行相关法规的出台，显示出休闲产业科学发展、和谐发展的良好态势。在休闲环境方面东部有着得天独厚的优势。长江三角洲地区作为我国休闲目的地的主要目标城市，区域休闲产业发展环境优势突出，在休闲政策上领跑全国。2010年浙江省人民政府发布了《浙江省人民政府办公厅关于加快发展体育产业的实施意见》，指出大力发展体育休闲产业，丰富群众体育生活，提高群众身体素质、生活质量，促进我省体育强省建设和经济社会协调发展。与东部地区相比较，我国西部地区经济发展缓慢，城市基础设施薄弱，城市功能不完善，公共休闲设施和社会开放度等都存在较大差距，但西部地区资源富集、特色鲜明，既有悠久的历史文化，又有壮美的自然风光和奇特的民族风情，这些优势资源使西部休闲旅游业拥有巨大的发展潜力和空间，也为城市休闲旅游的发展提供了良好的基础。2013年4月成都市政府颁发了《成都市人民政府安全生产委员会关于集中开展安全生产重点行业领域"打非治违"专项行动的通知》（成安委〔2013〕15号），成都市旅游局在全市旅游行业开展"打非治违"专项行动工作。2013年2月《四川省旅游市场综合治理办公室关于在全省范围开展旅游安全和服务保障综合大检查的通知》进一步规范了成都市旅游业发展环境，旅游业已成为成都市发展性支柱产业。

表1-2 成都市2007—2012年旅游相关指标

年份 项目	2007	2008	2009	2010	2011	2012
国际旅游收入（亿美元）	2.6	1.7	2.4	2.9	4.6	6.3
国际旅游人次（万人次）	78.6	50	58.9	80.2	121.3	158.2
国内旅游收入（亿元）	395.4	363.6	485.2	584.6	776.4	1010.7
国内旅游人次（万人次）	4253.6	4105.4	5506	6738.3	9552.7	12246.5

（二）相关法律法规的完善为休闲发展营造了良好的法律环境

旅游法律法规是旅游行业发展到一定历史阶段的产物，伴随着旅游行业的快速发展，我国旅游法制建设也取得了长足的进步。早在1950年11月，我国就颁布了新中国最早的旅游法规《外国侨民出境暂行办法》、《外国侨民旅行暂行办法》；从1982年开始，国家旅游局就开始起草《旅游法》。1985年11月，国家旅游局将送审稿提交国务院，但由于制定《旅游法》的基本条件尚不具备，起草旅游法的工作暂时中断。1989年3月，国家旅游局再次把起草《旅游法》的工作提到议事日程，经过多次调研、论证，形成送审稿。但在建立社会主义市场经济体制后，旅游法草稿涉及的相关内容需重新调整，起草工作再次中断。直至 2009 年 12 月，全国人大财政经济委员会牵头组织国家发展改革委员会、国家旅游局等 23 个部门和有关专家成立《旅游法》起草组，在两年多内深入调研，2012 年 3 月 14 日，财政经济委员会第 64 次全体会议审议并通过了《旅游法》草案。最终，经 2013 年 4 月 25 日十二届全国人大常委会第 2 次会议通过，2013 年 4 月 25 日中华人民共和国主席令第 3 号公布，《旅游法》自 2013 年 10 月 1 日起施行。在《旅游法》公布以前，我国已经有《旅行社条例》、《导游人员管理条例》、《中国公民出国旅游管理办法》等旅游有关的条例办法。《旅游法》的出台意味着我国旅游业监管正式上升到法律层面，我国旅游业的发展即将迎来良好的法律环境。

《旅游法》共设 10 章 112 条，除总则、法律责任和附则外，分别对旅游者、旅游规划和促进、旅游经营、旅游服务合同、旅游安全、监督管理、旅游纠纷的处理等内容作了规定。《旅游法》的出台具有如下重要意义：一是有利于把旅游业培育成为国民经济的战略性支柱产业。《旅游法》的出台有利于完善旅游市场规则，形成综合协调发展的旅游管理模式；有利于加快旅游业转变发展方式，提升行业竞争力；有利于进一步解放和发展旅游生产力，提高旅游业发展效益。二是有利于规范旅游市场秩序，保护旅游者及相关从业者的合法权益。《旅游法》对当前市场中群众备受关注的"零负团费"、强迫购物、强迫参加自费项目等做了明确规定，为逐步形成良好、有序的旅游市场环境提供了法律保障。三是有利于促进旅游业及相关行业发展。旅游涉及食、住、行、游、购、娱六大要素，是一个关联性很强的产业，牵涉多方面的利益关系。旅游法通盘整合旅游产业各要素和旅游活动全链条，有利于全社会旅游资源的优化配置，促进旅游业的发展，从而带动相关产业的发展。总之，《旅游法》内容全面，综合性强，兼顾了旅游产业及各相关产业，综合了经济等法律规范，明确了旅游业的发展和管理机制，符合旅游业的发展需要。《旅游法》是我国旅游发展经验和市场规律的总结，是一部立足于中国旅游业发展实际、借鉴国际成熟法律制度的旅游综合立法，对于完善我国旅游法律制度、促进旅游业的持续健康发展意义重大。

（三）基础设施的完善为休闲发展提供了保障

水陆空等立体交通基础设施的极大改善，拓展了国民休闲空间的范围，增加了国民休闲机会的选择。"十一五"时期，我国交通运输发展取得了长足进步，总计完成固定资产投资 7.97 万亿元，比"十五"时期增长 171%，大大缓解了运输能力紧张的状况,为服务经济社会发展发挥了重要作用;2010年综合交通网络(不含民航航线、国际海运航线里程)总里程达432万公里,是2005年的1.2倍,平均每年增长3.93%。公路运输装备水平提高,私人轿车制造水平不断提升。2010年,我国公路通车里程达到400.8万公里,其中高速公路5.8万公里。"五纵七横"的国道主干线初步形成,公路等级明显提高,路况明显改善。2010年我国铁路复线率和电气化率分别达到41%和46%,全国铁路拥有机车1.94万台,牵引动力全部实现内燃动力化,铁路旅客列车运行速度已达国际先进水平,已经形成了"四纵两横"的网络。截止到2012年底,我国民航定期航线航班达到2290条,其中国内航线(包括港澳航线)1847条,国际航线443条;定期航班通航机场178个;定期航班航线里程3 490 571公里,其中国际航线1 494 387公里,国内航线1 996 184公里,形成了一个国内四通八达、干线与支线相结合以及联结世界主要国家和地区的航空运输网络。总之,我国交通基础设施不断完善,综合交通运输体系已初步形成,为国民潜在消费需求转化为现实消费需求提供了有力支撑,为国民休闲消费注入了强大的动力。

表1-3 我国交通运输线路长度(单位:万公里)

年份	合计	铁路	公路	内河航道	民航航线	管道
1978	123.5	5.2	89.0	13.6	14.9	0.8
1980	125.4	5.3	88.8	10.9	19.5	0.9
1985	139.6	5.5	94.2	10.9	27.7	1.2
1990	171.8	5.8	102.8	10.9	50.7	1.6
1995	247.6	6.2	115.7	11.1	112.9	1.7
2000	311.8	6.9	140.3	11.9	150.3	2.5
2005	558.6	7.5	334.5	12.3	199.9	4.4
2010	706.7	9.1	400.8	12.4	276.5	7.8
2011	789.8	9.3	410.6	12.5	349.1	8.3

此外,信息基础设施建设与完善为国民休闲提供了强大的推动力。"十一五"时代,全国电信业固定资产投资总额为14 621.9亿元,年均增添8.8%,建设了"金卡"、"金税"、"金关"、"金盾"等一批国家重点信息化建设工程。

目前已建成了覆盖全国、通达世界、技术先进、业务全面的国家信息通信基础网络。信息基础设施的不断完善，信息网络技术的不断发展给休闲产业带来了广泛而深刻的变化，拓展了休闲服务的供给能力，为国民休闲提供了强大的推动力。同时，文化、体育、娱乐等是休闲的重要组成部分，同时又是重要的公益事业，关系着人民群众的切身利益，是社会文明进步重要体现。改革开放30年来，我国对教育文化卫生体育等基础设施的投入不断加强。2010年，全国各级财政对群众文化机构的财政拨款达到80.4亿元，比2000年增加68.6亿元，增长581.4%，年均增长21.2%。各级财政对群众文化机构的投入占全国文化事业总投入的24.9%，比2000年提高9.8个百分点，休闲相关基础设施水平显著增强。一批大型文化体育设施相继建成开放，极大地满足了居民文化娱乐和体育健身需求。2010年，全国群众文化机构公共房屋建筑面积2526.7万平方米，比2000年增加1296.8万平方米，增长105.4%。全国平均每万人拥有群众文化设施面积由2001年的100平方米，提高到2010年的190平方米，增幅达90%。随着服务条件的改善，群众文化活动开展日益丰富，组织文艺活动次数、举办训练班班次及举办展览个数都明显增加，社会效益更加显著。2010年，全国群众文化机构共组织文艺活动57.68万次，比2000年增加30.02万次，增长108.6%。举办训练班35.87万次，比2000年增加21.53万次，增长150.2%。举办展览11.74万个，比2000年增加2.57万个，增长28.0%。公共休闲设施的不断完善，为国民提供了更为广阔的休闲空间和更多参与休闲的机会。

表1-4 "十一五"期间全国乡镇综合文化站活动情况

项目 年份	举办展览		组织文艺活动次数		举办训练班	
	总量（万个）	占群众文化总体比重（%）	总量（万次）	占群众文化总体比重（%）	总量（万次）	占群众文化总体比重（%）
2006	9.2	65.2	27.2	54.6	11.9	54.3
2007	5.8	63.7	30.0	55.0	10.8	44.6
2008	6.5	64.4	27.9	58.9	15.3	51.0
2009	7.1	64.5	30.0	54.1	15.5	50.9
2010	7.6	65.0	30.5	52.9	15.3	42.6

(四) 国民经济快速增长为休闲发展奠定了坚实基础

改革开放30年来，我国经济保持了年均9.7%的增长速度，经济的快速增长使经济总量呈现加速扩张的态势。2011年我国国内生产总值达到472 881.6亿元，经济总量的快速增长大大缩小了我国与世界主要发达国家的差距。30年来，我国经济总量居世界位次稳步提升，我国国内生产总值从1978年的居世界第10位，2008年上升到居世界第4位，到2011年，中国经济总量仅次于美国，成为世界第二大经济体。经济快速发展和规模扩大的同时，国家财力不断增加。1978年国家财政收入仅1132亿元，1985年翻了一番，达到2005亿元，1993年再翻一番，达到4349亿元，1999年跨上1万亿台阶，达到11 444亿元，2003年超过2万亿元，达到21 715亿元，2010年，国家财政收入已经超过8万亿元，达到83 102亿元，2011年，实现财政收入103 874.43亿元。国民经济的快速增长和财政收入的大幅增加，使我国的外汇储备实现了由短缺到富足的历史性转变。1978年，我国外汇储备仅1.67亿美元，人均只有0.17美元，折合成人民币不足1块钱，短缺是当时外汇储备的基本特征，出口创汇是发展对外贸易的基本动力。但随着我国对外经济的发展壮大，经常项目贸易盈余不断增加，外汇储备的短缺迅速成为历史，1990年外汇储备超过百亿美元，达到111亿美元，1996年超过千亿美元，达到1050亿美元，2006年超过1万亿美元，达到10 663亿美元，超过日本位居世界第一位，2011年我国外汇储备扩大到31 811.48亿美元，连续六年稳居世界第一。

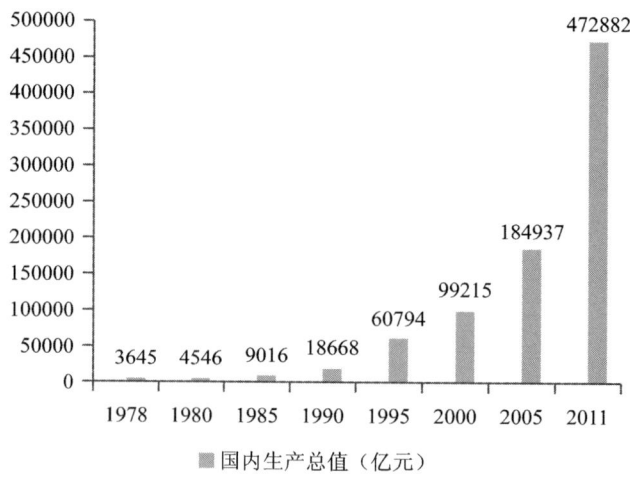

图1-3　1978—2011年我国国内生产总值增长

随着经济的高速发展,城乡居民收入也有了很大提高(见表1-5)。城镇居民的人均可支配收入从1978年的343.4元增长到2011年的21 809.8元,是1978年的63倍多。农村居民的人均家庭可支配收入从1978年的133.6元增加到2011年的6977.3元,是1978年的近52倍。人均可自由支配收入的不断增长、生活质量的不断改善,为休闲产业发展提供了巨大的市场需求,推动着我国休闲消费持续走强。

表1-5 我国城乡居民的人均收入情况表

年份	农村居民家庭人均纯收入(元)		城镇居民家庭人均可支配收入(元)	
	绝对数(元)	指数(1978=100)	绝对数(元)	指数(1978=100)
1978	133.6	100.0	343.4	100.0
1980	191.3	139.0	477.6	127.0
1985	397.6	268.9	739.1	160.4
1990	686.3	311.2	1510.2	198.1
1995	1577.7	383.6	4283.0	290.3
2000	2253.4	483.4	6280.0	383.7
2005	3254.9	624.5	10493.0	607.4
2010	5919.0	954.4	19109.4	965.2
2011	6977.3	1063.2	21809.8	1046.3

随着经济快速发展和收入的明显提高,我国城乡居民消费水平不断提高,人均消费支出大幅增长。2011年,我国农村居民人均生活消费支出为5221元,比1978年的116元增长45倍。随着居民生活水平的提高,居民消费结构明显优化,城乡居民家庭恩格尔系数显著下降(图1-4)。2011年我国城镇居民家庭恩格尔系数为36.3%,比1978年的57.5%下降了21.2个百分点;农村居民家庭恩格尔系数为40.4%,比1978年的67.7%下降了27.3个百分点,城乡居民消费结构出现了质的变化。城乡居民用于休闲消费等支出项目比重不断提高,2011年全国城镇和农村居民家庭文教娱乐支出比重分别为12.21%和7.6%,比1990年分别增加了1.09和2.23个百分点。可见,随着城乡居民可支配收入的增加,城乡居民消费结构发生了明显变化,居民用于发展和享受型消费项目的支出不断提高,消费模式开始由生存型消费向温饱型甚至享受型消费升级,

大大促进了国民休闲消费需求的产生。

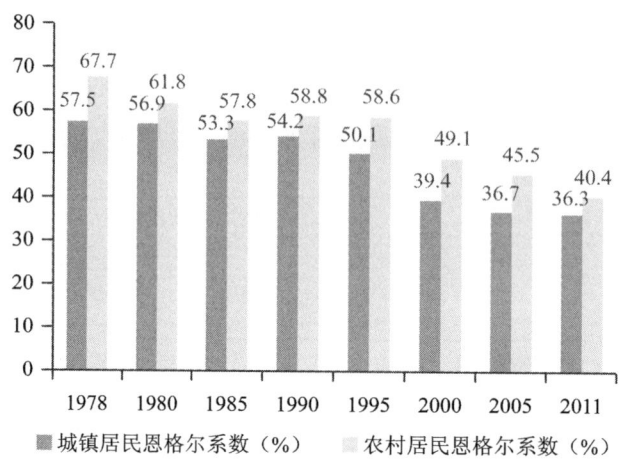

图 1-4　1978—2011 年我国城乡居民家庭恩格尔系数

（五）社会环境为休闲发展积累了制度支撑

马克思曾将人的需要分为三个层次，依次是：生存、享受、发展。从休闲来讲，它主要是享受和发展需要。发展休闲活动，不仅是发展成果由人民共享的重要体现，同时也是提高人口素质和可持续发展能力的重要途径。1970 年世界休闲组织颁布的《休闲宪章》指出：所有的人都拥有参与符合其所在社会的规范和价值标准的休闲活动的基本人权，所有的政府都有义务承认并保证其公民的休闲权利；在保证生活质量方面，休闲同健康、教育一样同等重要，各国政府应当确保公民得到丰富多彩的高质量的休闲与娱乐机会；政府应当通过维护本国自然、社会和文化环境来确保公民未来开展休闲活动的可行性等。

充足的闲暇时间是休闲产业发展的前提。经济的发展、社会的进步使我国在保障公民合法休息权利、完善职工休假制度方面取得了长足的进步，为人们参与休闲活动提供了时间保证。在职工工作时间方面，根据《国务院关于修改〈国务院关于职工工作时间的规定〉的决定》，中华人民共和国境内的国家机关、社会团体、企业事业单位以及其他组织的职工每日工作 8 小时，每周工作 40 小时，在全国范围内正式实行了一周双休制。在国家法定假日方面，1999 年 9 月实施"春节"、"五一"、"十一"三个长达 7 天的长假期，被称为"黄金周"。2007 年国务院颁布了《全国年节及纪念日放假办法》，我国公共节假日已经达到 115 天，接近发达国家水平。2008 年虽然取消了"五一"长假日，但又增加了"清明"、"端午"两个法定节假日,我们全年已有 1/3 以上的时间是在闲暇中度过的。以 2013 年为例,2013 年我国总共有节假日 29 天,双休日 92 天(已扣除与节假日重合部分)。据测算,一年下来,城镇居民平均有 64 天的总休闲时间,农村居民则有 68 天的总休闲时间。在带薪休假制度方面,国务院根据劳动法和公务员法制定了《职工带薪年休假条例》,条例规定机关、团体、企业、事业单位、民办非企业单位、有雇工的个体工商户等单位的职工连续工作 1 年以上的,享受带薪年休假。总之,闲暇时间的逐渐增多,休假制度的不断完善以及经济全球化进程的加快,为我国休闲产业提供了潜在的巨大市场。

总体来看,各影响因素之间是相互联系和相互依存的,共同对休闲产业的产生和发展产生影响。其中,城市环境是休闲活动运行与发展的最重要的基础,它不但为休闲活动提供场所和资源,甚至决定着休闲产品的产生和内容形式。政策制度环境是休闲产业发展的关键因素,直接决定着休闲产业的发展方向;经济因素对休闲产业的影响非常重要,它不但直接地对休闲产业产生着重要的、有时甚至是决定性的影响,而且还通过政治、文化教育等其他环境因素的影响来间接地对休闲产业产生影响;文化因素和社会因素为休闲产业发展提供有力支撑。

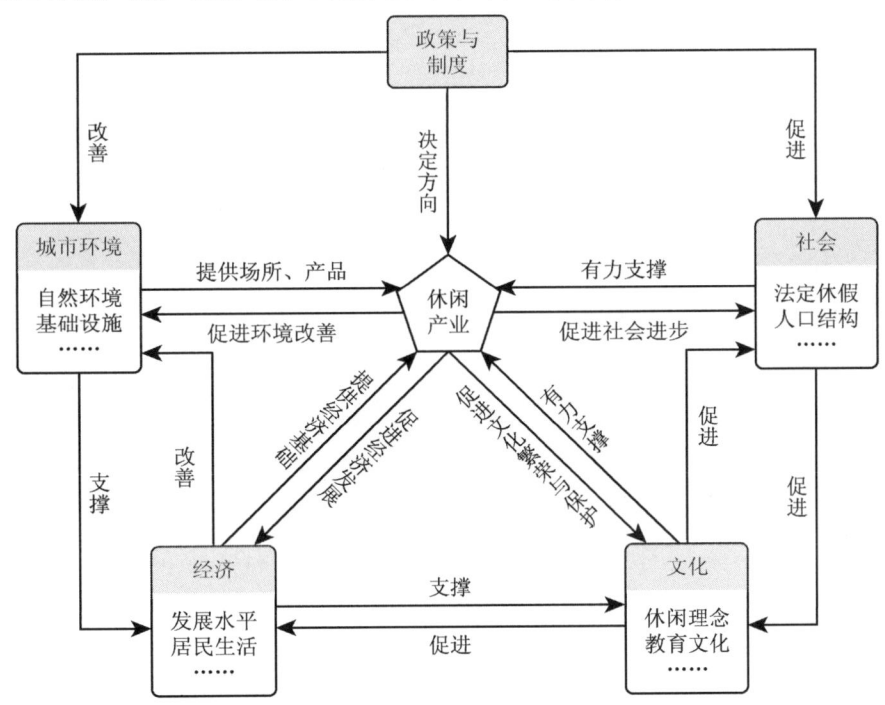

图 1-5 休闲发展的动力机制

三、研究框架、研究方法、创新点和意义

（一）研究框架

本报告主要研究三大部分内容：第一，居民休闲研究，包括休闲时间特征、休闲内容特征、休闲空间特征等三部分；第二，休闲企业的供给研究；第三，休闲产业发展研究。此外，根据研究的需要，还对休闲的环境背景以及休闲的发展趋势进行了展望，提出了一系列针对性建议，各部分之间的逻辑关系如图1-6所示。

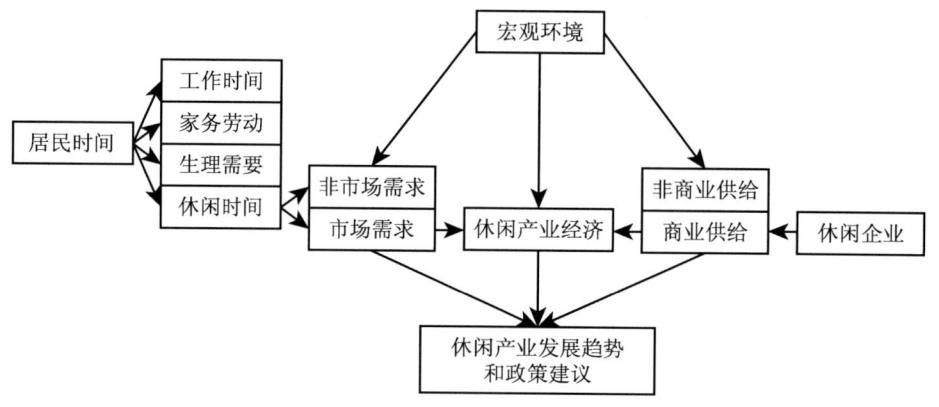

图 1-6 休闲研究框架

（二）研究方法

本报告第二、三、四章采用 CATI（计算机辅助电话调查）访问的方式，以随机抽取的 3577 位中国大陆居民（涵盖了城镇与农村、不同行业、不同年龄的居民的主要特征）为对象，对中国居民休闲旅游特征与趋势进行分析。选取北京市、上海市、广州市、南京市、杭州市、长沙市、武汉市、成都市、西安市、沈阳市这 10 个具有代表性的大城市作为样本城市，对这些城市 15 周岁以上居民进行电话访谈。这 10 个城市分布于中国的东部、中部、西部和东北地区，是我国各地区的主要中心城市，城市规模较大，人口结构多元，休闲生活丰富，能够真实全面地反映全国城乡居民的休闲状况。根据等样本量抽样的原则，各城市的受访者区域分布情况大致为：北京市 352 人、上海市 365 人、广州市

360人、南京市355人、杭州市357人、长沙市348人、武汉市356人、成都市349人、西安市352人、沈阳市383人。样本城市居民的特征如表1-6所示。

表1-6 样本城市休闲居民的总体特征

性别	男	女	城乡特征	城镇	农村
	51.7%	48.3%		59.6%	40.4%
文化程度	高中以下	专科	本科	硕士及以上	拒答者
	59.6%	17.4%	18.9%	3.4%	0.7%
家庭户规模	1	2~3	4	5人以上	拒答者
	12.6%	48.8%	15.4%	20.5%	2.8%
婚姻状况	未婚	已婚	离异	丧偶	拒答者
	23.8%	70.4%	2.0%	2.4%	1.4%
城镇居民收入	1500元以下	1501~3000元	3001~5000元	5001~10000	10000元以上
	15.2%	30.3%	23.1%	13.0%	6.6%
农村居民收入	5000元以下	5000~10000元	10001~30000元	30000元以上	拒答者
	30.4%	17.6%	22.0%	14.5%	15.5%
从事行业	第一产业	第二产业	第三产业		
	10.1%	13.2%	41.9%		

第五章将休闲企业按照规模划分可以分为上市类休闲企业和非上市类休闲企业。试图通过间接的上市类休闲企业年报的统计数据判断整体休闲企业的发展趋势，从而为非上市类休闲企业发展提供一定指导。在明确休闲企业内涵、特征、分类的前提下，研究重点搜集了近年来A股、港股和美股上市的我国休闲类主要企业发展资料。通过综合统计近几年中国休闲企业规模特征、效益特征、分类特征，分析中国休闲企业发展总体状况，进一步总结了中国休闲企业发展中存在的问题。预测2013年中国休闲企业发展趋势并提出2013年中国休闲企业发展建议。

第六章依据本研究报告对休闲产业的类型划分，本章内容从产业特征、存在问题、发展趋势等方面，来研究休闲产业的五大基本类型，即旅游产业、休闲餐饮产业、文化娱乐产业、体育健身产业、互联网产业的总体发展状况。对于相关数据，从多渠道进行搜集，主要包括行业统计年鉴、行业年鉴、行业发展报告、网络资料、研究文献等，在尽可能的情况下数据以最新的为准。

第七章从中国休闲发展环境分析出发，探讨了目前休闲产业发展过程中存在的问题，并对休闲发展的趋势作出了预测，最后提出了利于中国休闲发展的对策及建议。

（三）研究的创新点

本报告在基于国内外学者现有研究成果的基础上，重新确定了休闲的内涵定义以及休闲理论的研究框架，并得出了较有价值的研究结论，具有一定的创新意义，主要集中在以下五个方面：

（1）在研究对象上确定了"休闲"的理论边界。报告将居民的一天24小时分为工作或者劳动时间、家务劳动和满足生理需要的时间和休闲时间。本报告将看电视等居家活动列为休闲的重要内容，将旅游纳入休闲范畴。

（2）在研究框架上从供给和需求两个层面同时入手。从城乡居民调查出发，研究了休闲产业的需求条件，从休闲上市企业分析出发，研究了休闲产业的供给条件。结合休闲产业发展的宏观环境，得到了休闲产业的产业状况和市场结构。与专注于休闲产业某一个理论视角的研究相比，本报告同时研究了休闲产业的需求、供给和市场状况，形成了较为完善的研究链条和理论框架，具有较强的创新性。

（3）在研究体系上突出年度化的系列研究主题。本报告以年度报告的形式跟踪研究当年的休闲环境、居民休闲特征、休闲企业和休闲产业发展状况，进而预测下年度的休闲产业发展趋势并提出相关政策建议，能够连续动态地监测各年度的休闲产业发展状况，形成系列化的年度研究报告成果体系。

（4）在研究范围上覆盖了全国重点城市的城乡区域。居民休闲部分对全国10大中心城市的城乡居民休闲特征进行了详细调查研究，休闲企业部分研究了全国主要休闲类上市企业的发展状况，休闲产业部分研究了全国主要休闲行业的发展状况。研究范围涉及全国主要城市的城乡区域，具有较强的代表性和典型性。

（5）在研究方法上侧重使用定量化分析。居民休闲研究在全国10个具有代表性的城市发放了3577份调查问卷，涵盖了各大区域和各阶层居民。休闲企业研究搜集了全国302家主营地址在中国的沪深上市、香港上市和美国上市休闲企业，研究了休闲企业的总体状况和未来发展趋势。休闲产业研究搜集了旅游、体育健身、文化娱乐、餐饮购物和其他休闲的行业数据，对各行业的总体状况和未来趋势进行了评判。

（四）研究意义

（1）有利于为居民休闲提供更好的品质。本报告将中国休闲活动主体的城乡居民作为研究的首要切入点，对3577名城乡居民的性别、年龄、文化程度、所从事行业、收入状况、休闲时间分布状况、休闲旅游需求状况、休闲旅游活动范围、城乡居民休闲现状差距等多方面分析，针对不同人群的休闲行为进行了深入研究。通过这些分析能够推动有关部门积极引导居民培养合理休闲观念，加强居民休闲时间、空间和产品的合理规划，完善城乡居民休闲产业和服务设施配置，从而改善我国城乡居民的整体休闲环境，提高居民休闲生活质量。

（2）有利于为休闲企业合理经营提供科学指导。休闲企业作为休闲产品的提供者是休闲业发展中不可或缺的一部分，这些企业已经逐渐在我国社会经济产业中显现出一定的规模和效应。然而当前对休闲企业的研究还相对较少，新浪、搜狐、携程、优酷、万达广场、百盛、俏江南等一批新兴的休闲企业发展都亟待系统的研究。研究结果对休闲企业了解整个行业发展的态势以及不同休闲企业发展中存在的问题及发展趋势，为企业制定发展战略以及更好的发展提供指导。

（3）有利于发挥休闲产业在社会经济中的综合作用。①有利于关联产业的融合发展。休闲产业对相关行业具有强有力的联结、凝聚功能，可以直接或间接带动第一、第二、第三产业协同发展。②有利于改善区域的投资环境。发达的休闲产业是区域性中心城市和国际化都市不可缺少的硬件和软实力，可以成为吸引更多投资和优良营商环境的重要因素。③有利于推进和谐社会建设。发展休闲产业能够帮助人们享受生活乐趣，提高生活质量，增加幸福感，促进社会和谐。④有利于统筹城乡经济协调发展，有利于农业产业结构调整，有利于加快社会主义新农村建设，有利于解决农村劳动力的转移就业问题，有利于提高农民经济收入，有利于提供更多就业机会，解决就业问题。

第二章
中国居民休闲时间特征研究 2012—2013

本次调查中,受访者为城镇户口的比重为59.6%,农村户口为40.4%。受访者从事第一产业的比重为10.1%,从事第二、三产业的比重为55.1%。考虑到我国城乡居民的休闲时间分配和休闲活动内容有较大差别,本报告将我国居民分为城镇居民和农村居民两类进行研究。由于存在大量的农民进城务工现象,划分城镇和农村居民的主要依据是其所从事的产业,而不是户口状况。本报告将从事第一产业的居民划为农村居民,从事第二、三产业的居民划为城镇居民。在城镇居民中,将具有农村户口又从事第二、三产业的居民划为农民工。考虑到一年中不同时期居民休闲所表现出来的周期性特征,本次调查将城镇居民分为工作居民和退休居民,其中工作居民的休闲分为工作日休闲、周末休闲和节假日休闲共三种,退休居民则计算每天的休闲时间。将农村居民的休闲分为农忙时休闲和农闲时休闲共两种。

一、中国居民休闲时间总体特征

鉴于中国城镇和农村居民在休闲时间和休闲内容上存在显著不同,我们将城镇居民和农村居民的工作和休闲分开进行考察。其中,城镇居民又分为工作和退休两个细分组,工作的城镇居民的休闲时间按工作日、双休日、节假日计算,退休居民直接按每天计算休闲时间。在调查过程中,工作的城镇居民有2437人,退休的居民780人。我们将居民一天24小时的时间总体分成三部分:工作时间、生理需求和家务劳动时间、休闲时间。

(一)城镇居民工作日和周末休闲时间不足,节假日休闲时间增量明显

工作日工作时间以6~8小时最为集中。在对城镇居民的2437份调查问卷中,有94人在工作日的工作时间在6小时以下,占受访者总人数的3.86%,工作日工作时间在6~8小时的人数为1194人,占受访者总数的48.99%,工作日工作时间在8小时以上的约有762人,占31.27%,没有工作人员290人,占11.9%,不确定者97人占3.98%。

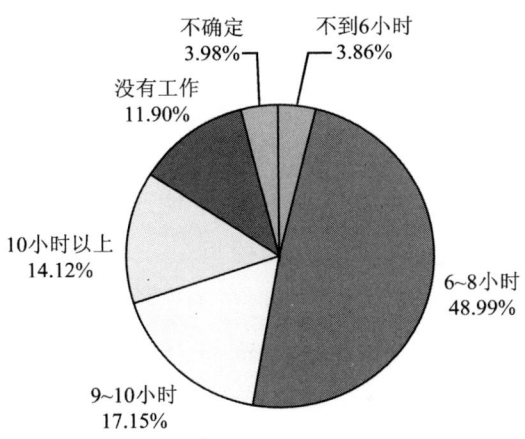

图 2-1 城镇居民工作日时间分配

工作日休闲时间以 2~4 小时最为集中。城镇居民的时间除了工作时间外，还包括满足个人生理需要的必要时间和从事家务劳动的时间和休闲时间。在对城镇居民进行的 2437 份调查问卷中，有 1754 人工作日的休闲时间在 4 小时以下，占受访者总人数的 72%，其中工作日休闲时间不足 2 小时的有 640 人，占受访者总数的 26.3%，工作日休闲时间为 5~7 小时的有 321 人，占受访者总数的 13.2%，工作日休闲时间在 7 小时以上的有 215 人，仅占受访者总数的 8.8%，不确定者有 147 人，占 6%。

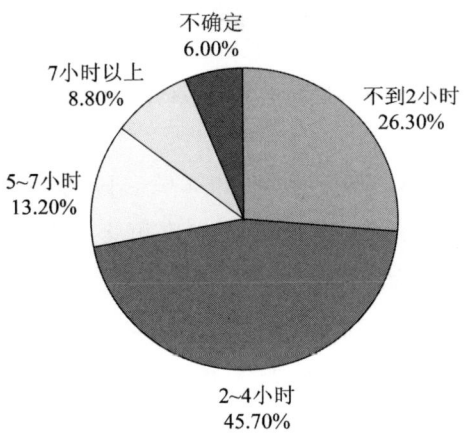

图 2-2 城镇居民工作日休闲时间分配

周末休闲时间7小时以上达到26.1%。在周末,城镇居民的时间安排通常不工作,除了满足生理需要和从事家务劳动的时间外的时间就是休闲时间,理论上城镇居民周末的休闲时间要比工作日的休闲时间充足很多,但结果显示城镇居民的周末休闲并不理想。由于周末加班、繁忙的家务劳动等原因,仍有相当一部分居民的休闲时间不能达到城镇居民休闲的预期水平。对城镇居民的2437份问卷中,有1640人周末的休闲时间在7小时以下,占受访者总数的67.4%。其中,周末休闲时间不足2小时的有372人,占15.3%,周末休闲时间在2~4小时的有716人,占受访者总数的29.4%,周末休闲时间为5~7小时的有552人,占总数的22.7%。除此之外,在周末还是有很大一部分人的休闲时间是相对比较充裕的,周末休闲时间在7小时以上的有637人,占26.1%。

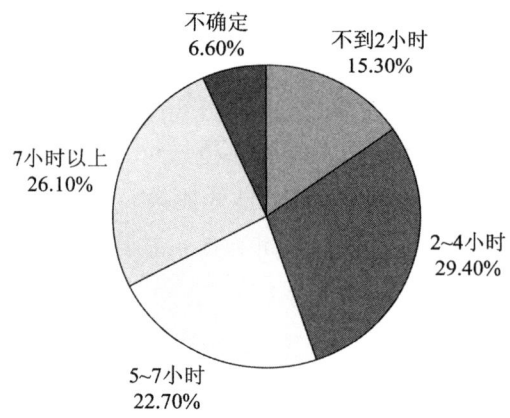

图2-3 城镇居民周末休闲时间分配

节假日休闲时间在7小时以上达到35.4%。随着我国的休假制度不断地完善,城镇居民的法定节假日越来越多,人们有更多的时间安排自己的假期时间。在2437份问卷中,节假日休闲时间在7小时以上的城镇居民有862人,占总数的35.4%。其中,节假日休闲时间不到2小时的人数为283人,占11.6%,节假日休闲时间为2~4小时的有549人,占22.5%,节假日休闲时间为5~7小时的517人,占21.2%。此外,节假日休闲时间不确定的人数226人,占9.3%。如下图所示:

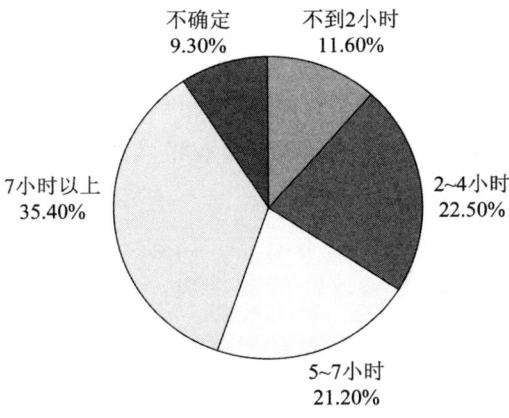

图2-4 城镇居民节假日休闲时间分配

退休人员休闲时间2小时以上的达80.7%，其中2~4小时的有246人，占31.5%；5~7小时的共有184人，占23.6%；7小时以上的有200人，占受访者总数的25.6%；不到2小时的有91人，占11.7%；不确定者59人，占受访者总数的7.6%。

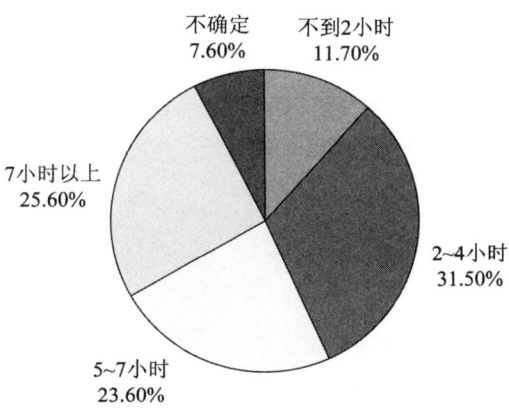

图2-5 退休人员休闲时间分配

从上述图表可知，我国城镇居民在工作日的休闲时间比较少，城镇居民的工作日时间安排比较紧张；虽然在周末的休闲时间比工作日多，但有相当一部分城镇居民由于加班、操持家务等原因在周末的休闲时间也并不充裕；我国城镇居民节假日的休闲时间与周末相比明显增加，休闲时间在7小时以上的居民比重从周末的26.1%增加到35.4%,在节假日大多数城镇居民可以根据自身意愿选择休闲娱乐方式。退休之后,对于退休人员来说基本每天都是闲暇的,所以每天的休闲时间都较为稳定,一年下来休闲时间总量是最多的。

(二) 农村居民休闲时间总量较多,随农忙农闲时节波动明显

与城镇居民不同,农村居民的务农时间具有季节性和周期性,主要围绕农时而波动,但在一周内的波动规律不明显,所以不能以工作日、周末、节假日来划分农村居民的时间分配,而应该以农忙时间和农闲时间两个大的周期类型来划分,农民的休闲时间和休闲内容在二者间明显的差别。虽然对于不同地区的农村居民来说,农忙时间与农闲时间在一年中的分布是不同的,劳动的内容和强度也有很大的差异。但是从总体而言,农闲和农忙是决定农民休闲活动周期性波动的最重要因素。

农忙时劳动时间在6~10小时以内占到38.9%。在本次调查中,对第一产业居民的调查问卷有360份。农忙时每天干活的时间不到6小时的有48人,占农村居民总数的13.3%;每天干农活的时间在6~10小时的有140人,占受访农村居民的38.9%;每天干农活超过10小时的有107人,占受访农村居民的29.7%;不干农活和不确定的为65人,占受访农村居民的18.1%。可以看出,农村居民在农忙时劳动强度较大,有44.4%的农村居民劳动时间在9小时以上。

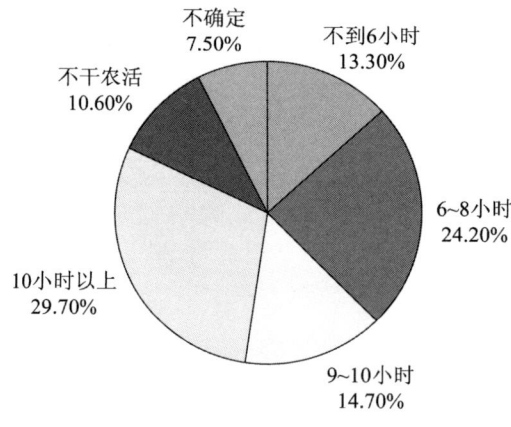

图2-6 农村居民农忙时劳动时间分配

农闲时劳动时间不到6小时的占38.9%。农村居民在农闲时干农活的时间每天不到6小时的有140人,占受访农村居民的38.9%;农闲时每天干农活的

时间超过6小时的有115人,占受访农村居民的32%;在农闲时不干农活的有87人,占受访农村居民的24.2%;不确定的有18人,占受访农村居民的5.0%。在农闲时,农村居民的劳动强度有了大幅度缓解,每天工作10小时以上的居民比重从29.7%下降到6.1%。

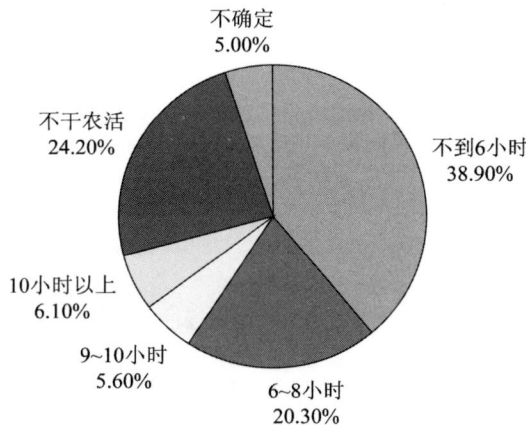

图2-7 农村居民农闲时劳动时间分配

农忙时休闲时间不到2~4小时的最为集中。农村居民在农忙时休闲时间相对较少,平均每天休闲时间在4小时以下的有234人,占受访农村居民的65.0%,其中不到2小时的有111人,占受访农村居民的30.8%;休闲时间为2~4小时的有123人,占受访农村居民的34.2%;农忙时休闲时间在5小时以上的农村居民有91人,占受访农村居民的25.3%;休闲时间不确定的有35人,占受访农村居民的9.7%。

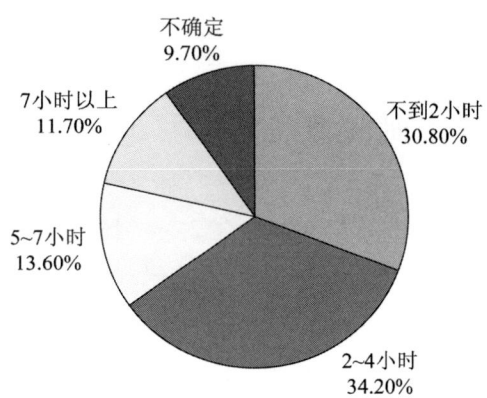

图2-8 农村居民农忙时休闲时间分配

农闲时休闲时间分布较为均匀。在农闲时，农村居民的休闲时间有了大幅度的增加，休闲时间不足4小时的居民比重从农忙时的65%下降到了46.7%。其中，农村居民休闲时间不到2小时的有56人，仅占受访农村居民的15.6%，休闲时间在2~4小时的有112人，占受访农村居民的31.1%。农闲时休闲时间在5小时以上的有144人，占受访农村居民的40.0%；休闲时间不确定的有48人，占受访农村居民的13.3%。

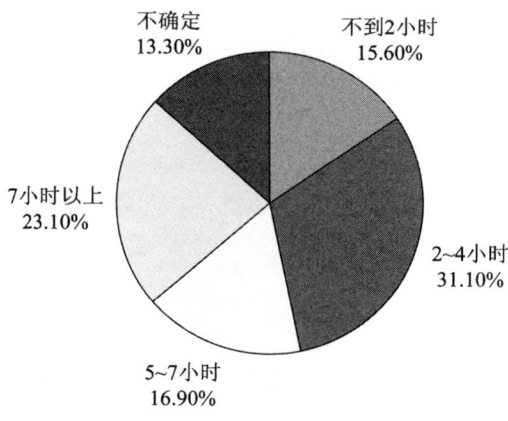

图2-9 农村居民农闲时休闲时间分配

根据上述分析，能够很明显地看出农村居民的休闲时间在农忙时和农闲时的显著差距，可以发现农民休闲时间随农忙农闲季节转化而波动的规律。农忙时农村居民的休闲时间很少，而在农闲时每天又有大量的休闲时间。农民农忙时的休闲时间大致相当于城镇居民在工作日的休闲时间，在农闲时的休闲时间介于城镇居民周末和节假日的休闲时间之间。

二、不同人群休闲时间特征

（一）城镇居民的休闲时间主要集中在2~4小时以内

随着生活节奏的不断加快，城镇居民在工作日的工作压力都比较大，工作时间也比较紧张，所以工作日的休闲时间就比较少，在周末和节假日城镇居民通常会有比较充裕的休闲时间，其中节假日的休闲时间又显著多于周末。以上分析了我国城镇居民休闲时间的总体特征，以下将分析年龄、婚姻状况、所在行业、文化程度、收入水平等人口学因素对休闲时间的影响。

不同年龄人群的休闲时间主要集中在 2~4 小时。调查结果显示，年龄在 30~44 岁的城镇居民无论在工作日、周末还是在节假日的休闲时间都是相对比较少的，工作日休闲时间少于 4 小时的居民比重甚至达到了 75.6%，这与其在社会、家庭中所承担的责任有关，由于这个年龄段的居民家庭事业都处于上升期，在家需要照顾家人，在外需要为事业而奋斗，所以留给自己的休闲时间就相对较少。15~29 岁的城镇居民的休闲时间整体也较少，但略多于 30~44 岁的城镇居民，工作日休闲时间少于 4 小时的居民比重为 70.8%。年龄在 45 岁以上的城镇居民的休闲时间总体较多，尤其是 60 岁以上的城镇居民，因为这个年龄段的城镇居民多以离退休的为主，没有事业上的压力，生活中也已经由要照顾家人的主体逐渐转变为需要关照的群体。

表 2-1 不同年龄城镇居民工作日休闲时间分配

工作日休闲时间	15~29 岁	30~44 岁	45~59 岁	60 岁及以上
不到 2 小时	21.6%	30.5%	26.5%	31.3%
2~4 小时	49.2%	45.1%	40.9%	34.4%
5~7 小时	15.0%	11.0%	14.0%	12.5%
7 小时以上	9.1%	6.9%	11.5%	18.8%
不确定	5.2%	6.4%	7.1%	3.1%
总计	100.0%	100.0%	100.0%	100.0%

不同婚姻状况人群的休闲时间也主要集中在 2~4 小时。婚姻状况从某种程度上反映了居民的家庭状况，未婚的居民的家庭压力自然比较少，休闲时间也相对较多，工作日休闲时间不足 2 小时的居民比重仅为 20.3%。已婚居民则要比未婚居民多花费一些时间来从事家务劳动，工作日休闲时间不足 2 小时的居民比重高达 29.5%。离异的城镇居民与已婚城镇居民相比，所需承担的家务劳动也并不轻松，工作日休闲时间不足 2 小时的居民比重达到 23.4%。相比较而言，丧偶的城镇居民的休闲时间应该相对较多，但本次调查丧偶的城镇居民的样本仅为 1，不具有代表性，无法说明现实情况。城镇居民的周末休闲和节假日休闲，也都表现出了已婚和离异居民休闲时间少，未婚居民休闲时间多的特征。

表 2-2 不同婚姻状况城镇居民工作日休闲时间分配

工作日休闲时间	未婚	已婚	离异	丧偶	拒答
不到 2 小时	20.3%	29.5%	23.4%	100.0%	25.0%
2~4 小时	51.8%	42.7%	42.6%	0.0%	41.7%
5~7 小时	14.8%	12.7%	6.4%	0.0%	4.2%
7 小时以上	8.3%	8.5%	23.4%	0.0%	16.7%
不确定	4.8%	6.6%	4.3%	0.0%	12.5%
合计	100.0%	100.0%	100.0%	100.0%	100.0%

4 小时以下是不同文化程度人群最集中的休闲时间。在城镇居民中，文化程度的差异也对休闲时间的充裕程度造成影响。在工作日，具有较高文化程度居民的休闲时间明显比低学历居民更少，这是因为较高文化程度的居民失业率相对较低，且劳动程度相对较大造成的。从下表可以看出，工作日休闲时间少于 4 小时的居民比重随文化程度的提高而有增加的趋势。在周末和节假日，不同文化程度的城镇居民的休闲时间差别则并不显著，高学历居民的休闲时间甚至略多于低学历居民，说明高学历居民的休闲时间随节假日的到来呈现出明显的周期性和波动性，而低学历居民由于失业或非正式就业等原因，休闲时间的周期波动特征不明显。

表 2-3 不同文化程度城镇居民工作日休闲时间分配

工作日休闲时间	小学及以下	初中	高中/中专/技校	大学专科	大学本科	硕士及以上	拒答
不到 2 小时	32.1%	29.5%	23.2%	27.6%	25.3%	27.2%	22.2%
2~4 小时	32.1%	35.6%	46.5%	46.0%	53.7%	48.2%	44.4%
5~7 小时	16.1%	15.0%	15.0%	10.2%	12.2%	12.3%	5.6%
7 小时以上	11.6%	12.5%	9.5%	9.0%	5.1%	7.9%	5.6%
不确定	8.0%	7.4%	5.8%	7.2%	3.7%	4.4%	22.2%
合计	100.0%	100.0%	100.0%	100.0%	100.0%	100.0%	100.0%

(二) 年轻农村居民休闲时间相对较多

对农村居民来说，由于其劳动的性质主要依靠身体素质和体力劳动，加之人的劳动能力在不同的年龄段有显著的差别，所以年龄因素对农村居民休闲时间的影响是比较大。此外，农村居民的家庭户规模比城镇居民要大，因此婚姻和家庭状况对于农村居民的休闲时间也有一定的影响。

调查显示，无论是农忙时还是农闲时期，年龄在30~44岁的农村居民与45~59岁的农村居民的休闲时间都是相对较少的，其原因是大部分年龄小于30的青年外出务工，这两个年龄段的农村居民成了农村劳动的主力军，农忙时休闲时间少于4小时的居民比重分别达到62.5%和72.1%。15~29岁的农村居民的休闲时间相对较高，农忙时休闲时间少于4小时的居民比重为47.4%。60岁以上的农村居民就相对比较休闲，他们逐渐由劳动农村活动的中坚力量变为需要关怀照顾的对象，逐渐退出农业劳动生产。

表2-4 不同年龄农村居民农忙时休闲时间分配

农忙时休闲时间	15~29岁	30~44岁	45~59岁	60岁及以上
不到2小时	31.6%	29.7%	31.8%	30.5%
2~4小时	15.8%	32.8%	40.3%	27.1%
5~7小时	31.6%	15.6%	10.4%	11.9%
7小时以上	21.1%	13.3%	7.1%	16.9%
不确定	0.0%	8.6%	10.4%	13.6%
合计	100.0%	100.0%	100.0%	100.0%

根据上述分析，能够很明显地看出对于城镇居民来说无论是按年龄、婚姻状况还是按学历来分析，他们的休闲时间都主要集中在2~4小时。而农村居民当中，年轻的农村居民由于不愿务农及外出求学等原因，其休闲时间相对较多。

三、中国居民休闲时间总量特征

鉴于不同性别和不同年龄的人群的休闲时间存在显著不同，我们将分别对他们的休闲时间进行考察。据测算，2013年，我国总共有节假日29天，双休日 92 天（已扣除与节假日重合部分）。

（一）城镇居民休闲时间总量

工作日女性的休闲时间低于男性。表 2-5 显示了工作日男性和女性的加权平均休闲时间，男性居民的休闲时间高于女性，这主要是因为女性除了工作之外，还要承担较多的家务劳动，占用了一定的时间。

表 2-5 不同性别城镇居民工作日休闲时间分配

	日平均休闲时间	男	女
不到 2 小时	1	27%	28.80%
2~4 小时	3	45.80%	48.90%
5~7 小时	6	15.40%	13.80%
7 小时以上	10	11.80%	8.50%
平均时间	—	3.75	3.43

双休日城镇居民休闲时间显著多于工作日休闲时间，但男性休闲时间仍略高于女性。从表 2-6 中可以看出，男女性在各个时间段上所占的比例基本不相上下，男性在平均休闲时间为 1 小时和 7 小时以上两个时间段略高于女性，而女性则在平均休闲时间为 3 小时和 6 小时两时间段略高于男性，从整体来看，男性休闲时间稍稍高于女性。

表 2-6 不同性别城镇居民双休日休闲时间分配

	日平均休闲时间	男	女
不到 2 小时	1	17.5%	16.2%
2~4 小时	3	29.3%	33.2%
5~7 小时	6	23.9%	24.8%
7 小时以上	10	29.3%	25.8%
平均时间	—	5.42	5.23

节假日城镇居民的平均休闲时间为 6 小时。在节假日，不同性别人群休闲

时间差异不大，男性平均为 6.09 小时，女性平均为 6.03 小时。

表 2-7 不同性别城镇居民节假日休闲时间分配

日平均休闲时间		男	女
不到 2 小时	1	14.6%	13.1%
2~4 小时	3	24.7%	25.0%
5~7 小时	6	21.6%	26.0%
7 小时以上	10	39.1%	35.9%
平均时间	—	6.09	6.03

根据前文的分析可以测算出 2013 年城镇不同性别居民一年的总休闲时间。如表 2-8 所示，2013 年男性城镇居民总休闲时间为 1590.25 小时，略高于女性的 1492.95 小时。

表 2-8 2013 年城镇居民休闲时间总量

	休闲时间/每天		每年天数	年休闲时间总量（小时）	
	男	女		男	女
工作日	3.75	3.43	244	915	836.92
双休日	5.42	5.23	92	498.64	481.16
节假日	6.09	6.03	29	176.61	174.87
总计	—		365	1590.25	1492.95

根据前文的分析可知，男性城镇居民的休闲时间无论是在工作日、双休日还是节假日都多于女性，其总的休闲时间也多出女性 100 小时左右。由于加班、操持家务等原因，城镇居民双休日与节假日的休闲时间差距不大。

（二）农村居民休闲时间总量

与城镇居民不同，农村居民的时间分配主要围绕农时而波动，所以不能以工作日、周末、节假日来划分农村居民的时间分配，而应该以农忙时间和农闲时间两个大的周期类型来划分。2013 年农闲时间和农忙时间均分，各为 182.5 天。

农忙时农村男性居民休闲时间低于女性,男性平均 3.7 小时,而女性则为 3.9 小时。究其原因在于农活多是体力活,男性比女性更为适应,男性需要承担更多的农活。

表 2-9 农村居民农忙时休闲时间

	日平均休闲时间	男	女
不到 2 小时	1	37.4%	29.3%
2~4 小时	3	32.3%	40.7%
5~7 小时	6	16.9%	15.3%
7 小时以上	10	13.4%	14.7%
平均时间	—	3.70	3.90

农闲时男性居民休闲时间 5.25 小时,高于女性的 4.92 小时。这是因为在农村,男性居民大多不承担家务劳动,所以在农闲时男性居民的休闲时间会高于女性。

表 2-10 农村居民农闲时休闲时间

	日平均休闲时间	男	女
不到 2 小时	1	17.3%	20.4%
2~4 小时	3	36.1%	32.8%
5~7 小时	6	16.7%	23.6%
7 小时以上	10	29.9%	23.1%
平均时间	—	5.25	4.92

根据前文的分析可以测算出 2013 年农村男女性居民的总休闲时间。如表 2-11 所示,2013 年男性农村居民休闲时间为 1633.38 小时,女性农村居民休闲时间为 1609.65 小时。

表 2–11 农村居民 2013 年休闲时间总量

	平均时间/每天		每年天数	年休闲时间总量（小时）	
	男	女		男	女
农忙	3.7	3.9	182.5	675.25	711.75
农闲	5.25	4.92	182.5	958.13	897.90
总计	—		365	1633.38	1609.65

根据上述分析，能够看出农村居民农闲和农忙时的休闲时间存在差距，可以发现农民休闲时间的周期性变化规律。总的来说，农村居民的总休闲时间多于城镇居民的休闲时间。

（三）不同年龄居民的休闲时间

调查结果显示，30 岁以下的居民休闲时间较少，这个年龄的居民正处于奋斗期，需要更多的时间投入到事业及组建家庭中。30～44 岁的城镇居民在工作日的休闲时间较少，这是因为这个年龄段的居民家庭和事业等都处于上升期，需要忙于应付各种事务，所以休闲时间较少。45 岁以上的居民休闲时间较多，这个年龄段已步入职业生涯晚期，事业上的压力较小，所以休闲时间比较多。尤其是 60 岁以上的居民，以退休为主，休闲时间也较多。

表 2–12 不同年龄城镇居民工作日休闲时间

	日平均休闲时间	15～29 岁	30～44 岁	45～59 岁	60 岁及以上
不到 2 小时	1	22.9%	32.1%	28.3%	32.0%
2～4 小时	3	50.4%	46.7%	42.7%	35.2%
5～7 小时	6	16.3%	12.6%	15.8%	13.3%
7 小时以上	10	10.4%	8.5%	13.3%	19.5%
平均时间	—	3.76	3.33	3.84	4.13

在双休日 30 岁以下的居民的休闲时间较多，其次是 60 岁以上居民，45 岁以上居民，而 30～44 岁的居民休闲时间则最少。这是因为 30 岁以下的年轻人更注重休闲和娱乐，而 30～44 岁的居民则忙于事业而无暇顾及休闲。

表 2-13 不同年龄城镇居民双休日休闲时间

	日平均休闲时间	15~29 岁	30~44 岁	45~59 岁	60 岁及以上
不到 2 小时	1	11.8%	19.4%	21.0%	28.1%
2~4 小时	3	27.0%	34.8%	31.7%	21.9%
5~7 小时	6	26.2%	23.6%	22.5%	15.6%
7 小时以上	10	35.0%	22.1%	24.8%	34.4%
平均时间	—	6.00	4.87	4.99	5.31

从表 2-14 中可以看出，年龄越年轻的居民在节假日的休闲时间越多。这是因为对于年轻人来说，节假日是他们一年中较为轻松的日子，他们大多趁这段时间选择出去旅游等休闲方式来放松自己。

表 2-14 不同年龄城镇居民节假日休闲时间

	日平均休闲时间	15~29 岁	30~44 岁	45~59 岁	60 岁及以上
不到 2 小时	1	9.5%	16.0%	17.7%	25.8%
2~4 小时	3	21.4%	26.5%	28.5%	19.5%
5~7 小时	6	23.6%	24.1%	22.5%	19.5%
7 小时以上	10	45.5%	33.4%	31.3%	35.2%
平均时间	—	6.71	5.74	5.51	5.53

根据以上分析，可以计算出 2013 年城镇居民各年龄段的总休闲时间。其中，30 岁以下的年龄组和 60 岁以上的年龄组的休闲时间最多，分别为 1664.16 小时和 1656.72 小时；其次为 45~59 岁年龄组，平均为 1555.92 小时；30~44 岁年龄组最少，为 1427.28 小时。

表 2-15 2013 年不同年龄城镇居民休闲时间

年休闲时间总量（小时）	15~29 岁	30~44 岁	45~59 岁	60 岁及以上
工作日	917.52	812.64	936.96	1007.76
双休日	552	448.08	459.12	488.64

续表

年休闲时间总量（小时）	15~29岁	30~44岁	45~59岁	60岁及以上
节假日	194.64	166.56	159.84	160.32
总计	1664.16	1427.28	1555.92	1656.72

对农村居民来说，其劳动主要为体力劳动，所以年龄因素对居民休闲时间的影响比较大。在农忙时，45~59岁年龄组的农忙休闲时间最少。这是因为较为年轻的农民大多选择外出务工，而60岁以上的农忙则由于身体原因不能承担过多的农活，所以农活就得依靠45~59岁年龄组的农民来完成。

表2-16　不同年龄农村居民农忙时休闲时间

	平均时间	15~29岁	30~44岁	45~59岁	60岁及以上
不到2小时	1	31.6%	31.8%	34.4%	33.9%
2~4小时	3	15.8%	35.0%	42.9%	30.5%
5~7小时	6	31.6%	17.8%	13.0%	15.3%
7小时以上	10	21.1%	15.4%	9.7%	20.3%
平均时间	—	4.79	3.98	3.38	4.20

在农闲时，休闲时间最少的是30~44岁年龄组。因为这个年龄组的农民大多选择外出务工，所以即使在农闲时间，他们还得继续工作。而15~29岁这个年龄组，因为很多年轻人还在上学阶段，所以休闲时间较多。

表2-17　不同年龄农村居民农闲时休闲时间

	平均时间	15~29岁	30~44岁	45~59岁	60岁及以上
不到2小时	1	22.4%	20.5%	16.6%	20.3%
2~4小时	3	11.8%	36.1%	41.2%	20.3%
5~7小时	6	22.4%	20.5%	19.2%	22.0%
7小时以上	10	43.4%	22.9%	23.1%	37.3%
平均时间	—	6.26	4.80	4.86	5.86

根据以上分析，可以计算出2013年农村居民各年龄段的总休闲时间。其中，30岁以下的年龄组和60岁以上的年龄组的休闲时间最多，分别为2017.2小时和1837.44小时；其次为30～44岁年龄组，平均为1602.48小时；45～59岁年龄组最少，为1503.84小时。

表2-18　2013年不同年龄农村居民休闲时间

年休闲时间总量（小时）	15～29岁	30～44岁	45～59岁	60岁及以上
农忙	874.08	725.76	617.52	767.04
农闲	1143.12	876.96	886.32	1070.16
总计	2017.2	1602.48	1503.84	1837.44

根据前文分析，如图2-10所示，能够很明显地看出农村居民的休闲时间相对于城镇居民来说较为充裕。15～29岁年龄组的农村居民的休闲时间显著地多于同年龄组的城镇居民。城镇居民在45～59岁这个年龄组的休闲时间略高于农村居民，其他年龄组的休闲时间均少于同年龄组的农村居民。

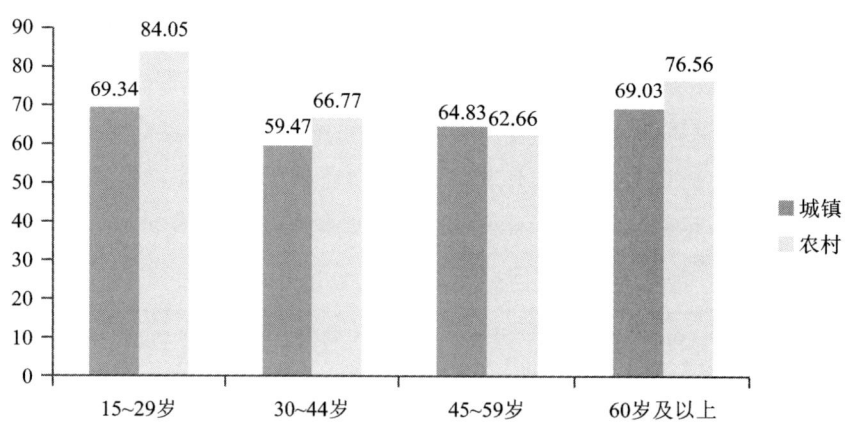

图2-10　城镇及农村居民2013年休闲时间总量（天）

四、小结

通过对城镇居民、农村居民和退休人员休闲时间的分析，得出中国居民休闲时间总体特征：城镇居民工作日和周末休闲时间不足，节假日休闲时间增量明显；农村居民休闲时间总量较多，随农忙农闲时节波动明显；退休人员每天的休闲时间都较为稳定。

不论是城镇居民、农村居民还是退休人员，他们的休闲时间都受到了性别、年龄、婚姻状况、文化程度、所在行业、收入水平等人口学因素的影响。具体表现为：对于城镇居民，男性的休闲时间明显高于女性；对于不同年龄段的城镇居民，30~45岁年龄段休闲时间最少；对于不同婚姻状况的居民来说，已婚和离异居民休闲时间少，未婚居民休闲时间较多；对于不同学历程度的城镇居民，4小时以下是不同文化程度人群最集中的休闲时间。对于农村居民，男性居民农闲时间多于女性；对于不同年龄段的农村居民，30~60岁的居民休闲时间最少。对于退休人员，女性休闲时间少于男性。从时间总量上看，退休人员多于农村居民，农村居民多于城镇居民。

第三章
中国居民休闲空间特征研究
2012—2013

一、城镇居民休闲空间研究

（一）城镇居民工作日休闲空间研究

1. 工作日的休闲半径总体较短

工作日休闲时间紧张是制约城镇居民休闲半径的主要原因。在工作日，城镇居民的休闲活动主要是在家里，比重为48%，其次是2公里以内的休闲活动，比重为24%，两者加起来达到了72%。城镇居民工作日休闲半径在2公里以上的比重仅为28%。说明城镇居民工作日的休闲活动主要集中在家庭和周边地区，远距离的休闲活动相对较少。

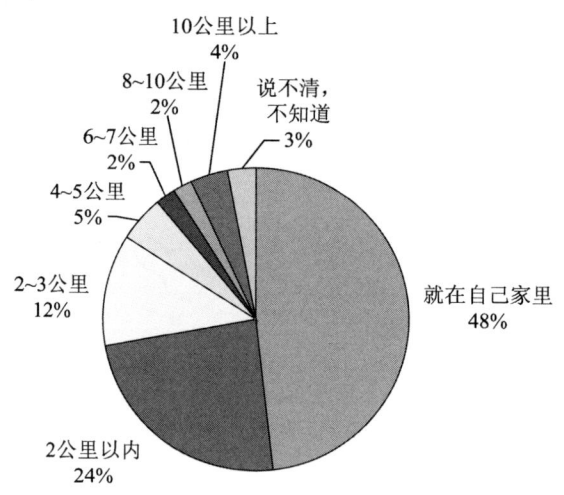

图3-1 城镇居民工作日休闲半径分配

2. 女性半径较小

对于城镇居民来说，男女居民在工作日的休闲半径选择略有差异，选择就在自己家里的占绝大多数，男性和女性分别达到了25.6%和21.9%，在1~10

公里范围内，休闲半径呈递减趋势，10公里以上的休闲半径人数又有一个增长。

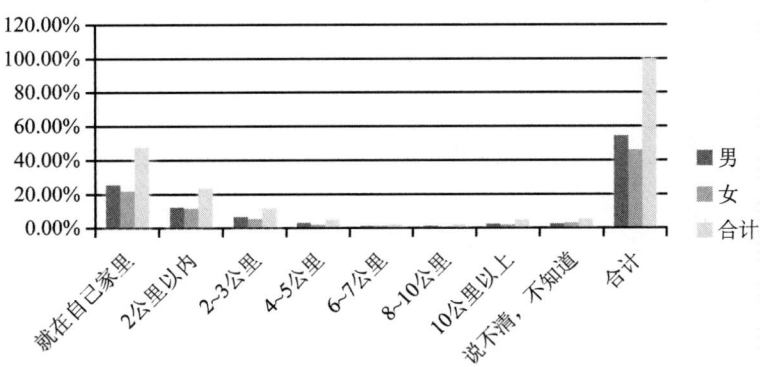

图3-2 不同性别城镇居民休闲半径分配

女性居民在3公里以内的比重占到83.7%，而男性这一比例为81.7%，原因在于女性更易受到家庭事务、照顾老人和小孩等活动的限制，主要进行家庭范围内的休闲和休闲半径较小的其他休闲活动。

表3-1 不同性别城镇居民3公里以内休闲半径分配

	男	女	合计
3公里以内	81.7%	83.7%	82.6%
3公里以外	18.3%	16.3%	17.4%

3. 年轻人休闲半径较大，中年人的休闲半径较小

在工作日各年龄段的城镇居民休闲半径有较小的差异，30～44岁的倾向于选择就在自己家里休闲，2公里以内休闲半径的15～29岁和30～44岁的分别达到了9.6%和9.3%，在1～10公里范围内，各年龄段的休闲半径呈递减趋势，而10公里以上的休闲半径人数又有一个陡增。

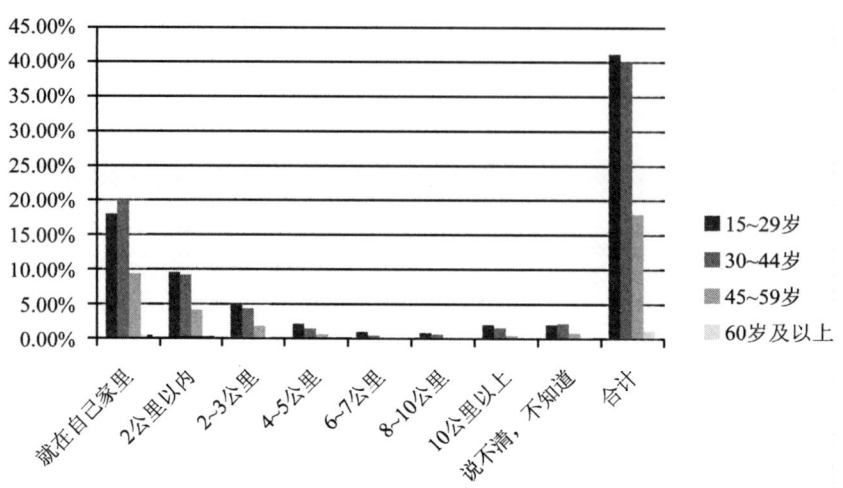

图 3-3 不同年龄城镇居民休闲半径分配

15~29 岁的年轻人受到家庭因素的制约较小，休闲半径较大，休闲半径在 3 公里以外的比例为 22.5%；60 岁以上的老年人闲暇时间更充裕，但由于受到身体状况等限制，休闲半径略小于年轻人，休闲半径在 3 公里以外的占 18.5%。而在工作日休闲半径最小的年龄段为 45~59 岁，工作以外的闲暇时间较少，且多处于上有老下有小的时期，休闲活动主要是在家庭范围内，休闲半径在 3 公里以外的占 14.4%。

表 3-2 不同年龄城镇居民 3 公里以内休闲半径分配

	15~29 岁	30~44 岁	45~59 岁	60 岁及以上
3 公里以内	77.5%	81.9%	85.6%	81.5%
3 公里以外	22.5%	18.1%	14.4%	18.5%

4. 已婚人士休闲半径较小，未婚人士休闲半径较大

在工作日，对于不同婚姻状况的城镇居民，其休闲半径有较小差异，已婚人士倾向于选择就在自己家里休闲，2 公里以内休闲半径的未婚和已婚人士的分别达到了 8.7% 和 14.3%，在 1~10 公里范围内，各婚姻状况人士的休闲半径呈递减趋势，而 10 公里以上的休闲半径人数又有一个陡增。

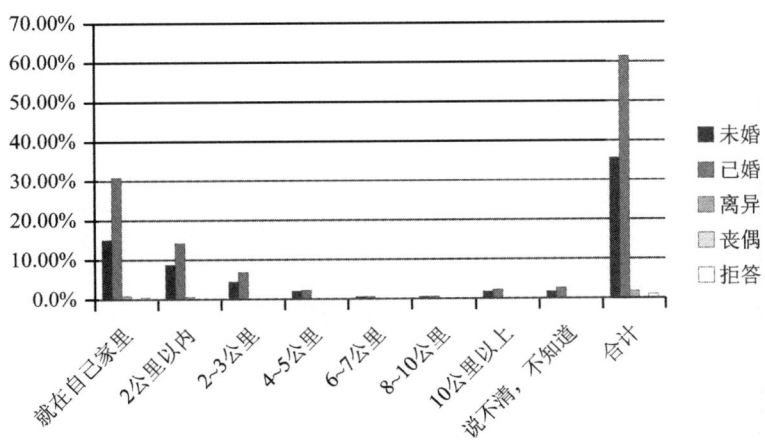

图 3-4 不同婚姻状况城镇居民休闲半径分配

已婚人士受家庭因素制约较大，闲暇时间可能要处理家庭事务及照顾老人孩子，休闲半径在 3 公里以外的比例最低为 15.1%；而未婚人士时间充裕，且一般为未婚年轻人士，身体状况也良好，休闲半径在 3 公里以外的比例最高为 20.4%；对于离异的人，既没有已婚人士的家庭束缚，又不像未婚年轻人士那样完全没有压力，所以休闲半径在 3 公里以外的比例介于两者之间，为 16.7%。同时，由于是涉及个人隐私的婚姻状况调查，一部分人选择了拒答。

表 3-3 不同婚姻状况城镇居民 3 公里以内休闲半径分配

	未婚	已婚	离异	丧偶	拒答
3 公里以内	79.6%	84.9%	83.3%	0%	77.8%
3 公里以外	20.4%	15.1%	16.7%	0%	22.2%

5. 低收入者休闲半径较小，高收入者休闲半径较大

在工作日，对于不同收入状况的城镇居民，收入在 1501~3000 元的居民更倾向于就在自己家里休闲，而收入在 1500 元以下的居民更多地选择在 2~3 公里范围内休闲。

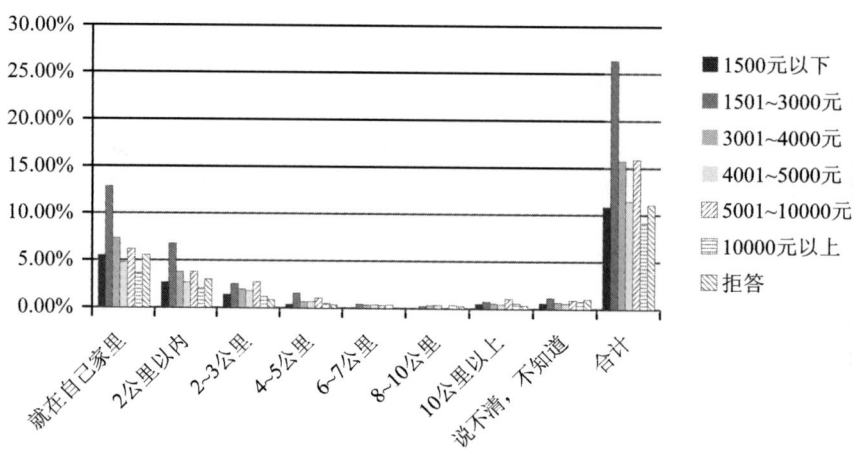

图 3–5　不同收入状况城镇居民休闲半径分配

收入在 1500 元以下的居民受收入预算的约束，经济条件不允许其到离家较远的地方休闲放松，故休闲半径在 3 公里以外的比例最低为 13%；而收入在 10000 元以上的居民基本不受经济状况的制约，可以到离家较远的地方休闲，故休闲半径在 3 公里以外的比例最高为 26.4%；而收入介于两者之间的居民，也遵循休闲半径随收入上升而增加的规律。同时，由于是涉及个人隐私的收入状况调查，一部分人选择了拒答。

表 3–4　不同收入状况城镇居民 3 公里以内休闲半径分配

	1500 元以下	1501~3000 元	3001~4000 元	4001~5000 元	5001~10000 元	10000 元以上	拒答
3 公里以内	87.0%	83.7%	82.8%	79.8%	79.2%	73.6%	82.9%
3 公里以外	13.0%	16.3%	17.2%	20.2%	20.8%	26.4%	17.1%

（二）城镇居民周末休闲空间研究

1. 周末的休闲半径总体较短

周末的休闲时间明显多于工作日，休闲时间相对充裕使得居民的休闲半径明显扩大。在周末，城镇居民的休闲活动主要是在家里，比重为 35.8%，其次是 2 公里以内的休闲活动，比重为 20.8%，两者加起来达到了 56.6%。城镇居民周末休闲半径在 2 公里以上的比重为 36.1%，高于工作日的比重 28%，说明城镇居民周末的休闲活动主要集中在家庭和周边地区,但远距离的休闲活动也较多,这与周末人们比工作日清闲是分不开的。

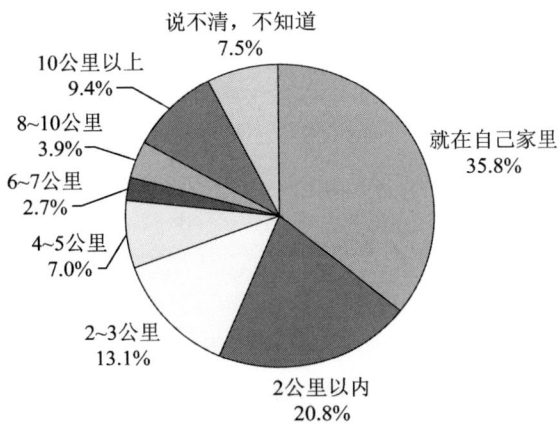

图 3-6 城镇居民周末休闲半径分配

2. 女性半径较小

对于城镇居民来说,男女居民在周末的休闲半径选择略有差异,选择就在自己家里的占绝大多数,男性和女性分别达到了 20.1% 和 15.6%,在 1~10 公里范围内,休闲半径呈递减趋势,10 公里以上的休闲半径人数又有一个增长。

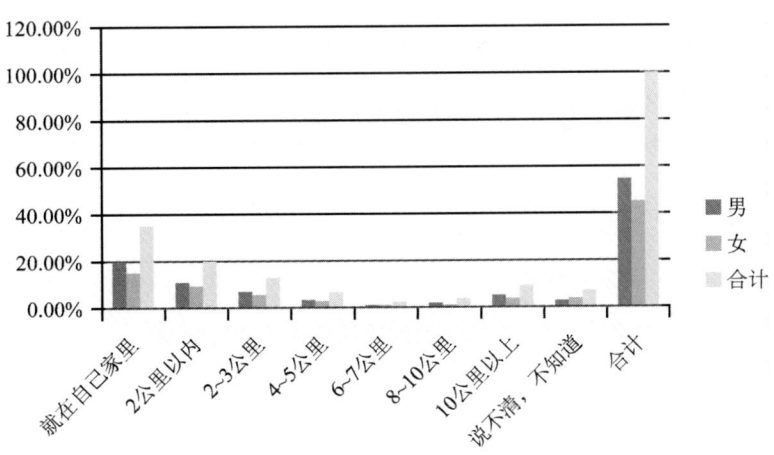

图 3-7 不同性别城镇居民休闲半径分配

女性居民在 3 公里以内的比重占到 68.5%,而男性这一比例为 58.3%,可见，即使在周末女性也倾向于把休闲半径局限在家里，进行处理家庭事务、照顾老人和小孩等活动。而男性周末在 3 公里以外的比重占到 41.7%，可见男性在周末时间允许的情况下会选择到离家较远的地方休闲。

表 3-5　不同性别城镇居民 3 公里以内休闲半径分配

	男	女	合计
3 公里以内	58.3%	68.5%	69.5%
3 公里以外	41.7%	31.5%	30.5%

3. 年轻人休闲半径较大，中老年人的休闲半径较小

在周末各年龄段的城镇居民休闲半径有较小的差异，15~29 岁的倾向于选择就在自己家里休闲，2 公里以内休闲半径的 15~29 岁和 30~44 岁的分别达到了 8% 和 8.5%，在 1~10 公里范围内，各年龄段的休闲半径呈递减趋势，而 10 公里以上的休闲半径人数又有一个陡增。

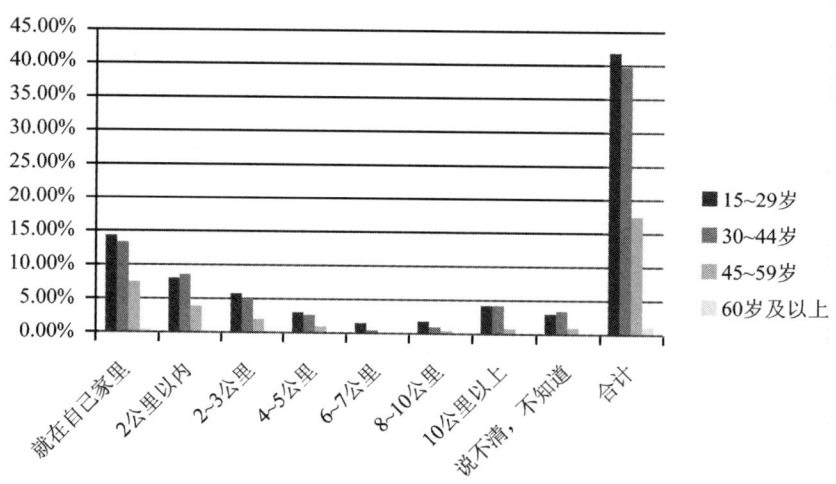

图 3-8　不同年龄城镇居民休闲半径分配

15~29 岁的年轻人和 30~44 岁的中青年人，休闲半径在 3 公里以外的比例分别为 32.4% 和 32.5%；60 岁以上的老年人闲暇时间更充裕，但由于受到身体状况等限制，休闲半径小于年轻人，休闲半径在 3 公里以外的占 25%。而在周末休闲半径最小的年龄段为 45~59 岁，虽然可能比在工作日休闲时间多了

一些，但处于上有老下有小的时期，使得他们即使是在周末休闲活动也主要是在家庭范围内，休闲半径在3公里以外的占21.8%。

表3-6 不同年龄城镇居民3公里以内休闲半径分配

	15~29岁	30~44岁	45~59岁	60岁及以上
3公里以内	67.6%	67.5%	78.2%	75%
3公里以外	32.4%	32.5%	21.8%	25%

4. 已婚人士休闲半径较小，未婚人士休闲半径较大

在周末，对于不同婚姻状况的城镇居民，其休闲半径有较小差异，已婚人士倾向于选择就在自己家里休闲，2公里以内休闲半径的未婚和已婚人士的分别达到了6.9%和13.3%，在1~10公里范围内，各婚姻状况人士的休闲半径呈递减趋势，而10公里以上的休闲半径人数又有一个陡增。

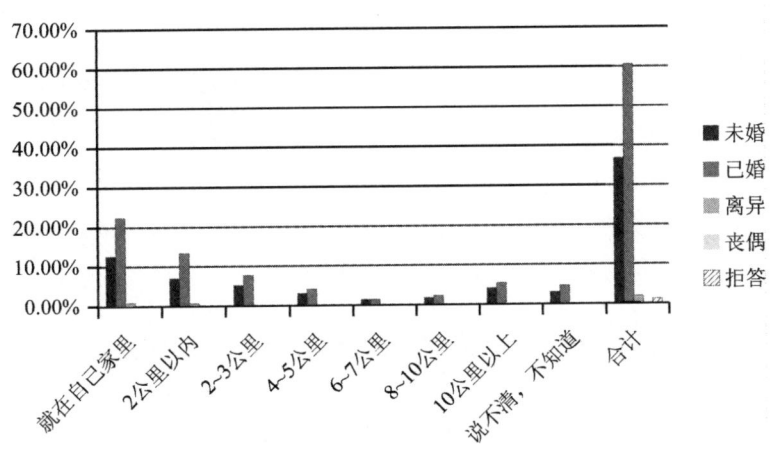

图3-9 不同婚姻状况城镇居民休闲半径分配

未婚和离异人士受家庭的制约较小，在周末时间宽裕的情况下，可以到离家较远的地方休闲活动，休闲半径在3公里以外的比例最高为33.3%；而已婚人士即使周末时间充裕，但为了照顾家庭和老人孩子，休闲半径在3公里以外的比例仍然不高，为28.4%。同时，由于是涉及个人隐私的婚姻状况调查，一部分人选择了拒答。

表 3-7　不同婚姻状况城镇居民 3 公里以内休闲半径分配

	未婚	已婚	离异	丧偶	拒答
3 公里以内	66.7%	71.6%	66.7%	0%	60%
3 公里以外	33.3%	28.4%	33.3%	0%	40%

5. 低收入者休闲半径较小，高收入者休闲半径较大

在周末，对于不同收入状况的城镇居民，收入在 1501~3000 元的居民更倾向于就在自己家里休闲，而收入在 1500 元以下的居民在 2 公里范围内休闲的比例达到 2.3%。

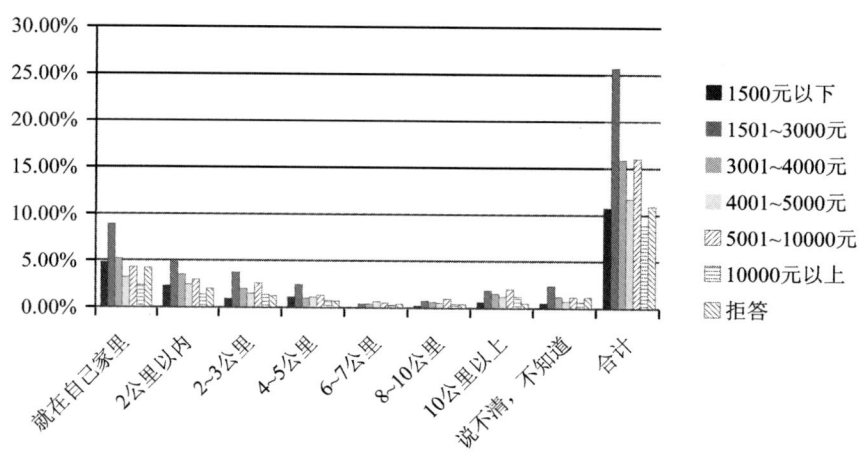

图 3-10　不同收入状况城镇居民休闲半径分配

收入在 1500 元以下的居民受收入预算的约束，即使在周末时间充裕前提下，但经济条件不允许其到离家较远的地方休闲放松，故休闲半径在 3 公里以外的比例最低为 24.3%；而收入在 10 000 元以上的居民基本不受经济状况的制约，可以到离家较远的地方休闲，故休闲半径在 3 公里以外的比例最高为 40.4%；而收入介于两者之间的居民，也遵循休闲半径随收入上升而增加的规律。同时，由于是涉及个人隐私的收入状况调查，一部分人选择了拒答。

表 3-8 不同收入状况城镇居民 3 公里以内休闲半径分配

	1500 元以下	1501~3000 元	3001~4000 元	4001~5000 元	5001~10000 元	10000 元以上	拒答
3 公里以内	75.7%	68.9%	67.9%	62.4%	61.5%	59.6%	59.1%
3 公里以外	24.3%	31.1%	32.1%	37.6%	38.5%	40.4%	40.9%

(三) 城镇居民节假日休闲空间研究

1. 节假日的休闲半径总体有所增加

节假日的休闲时间明显多于工作日，也多于周末，休闲时间相对充裕使得居民的休闲半径进一步扩大。在节假日，城镇居民的休闲活动仍然主要是在家里，比重为31.5%，其次是2公里以内的休闲活动，比重为16.6%，两者加起来达到了48.1%。城镇居民节假日休闲半径在2公里以上的比重为51.9%，高于工作日的比重28%，也高于周末的比重，说明城镇居民节假日的休闲活动已经开始向离家较远的地方扩展，远距离的休闲活动明显增多，这与节假日人们的休闲时间较多，尤其是小长假的实行使得人们的远距离休闲成为可能。

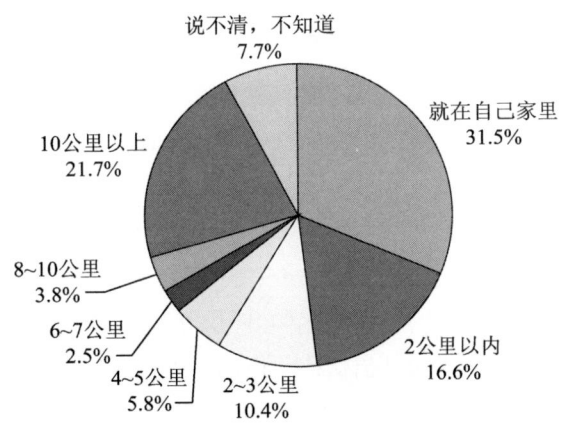

图 3-11 城镇居民节假日休闲半径分配

2. 男女性休闲半径都较大

对于城镇居民来说，男女居民在节假日的休闲半径选择几乎没有差异，选择就在自己家里的占绝大多数，男性和女性分别达到了17.6%和13.9%，在

1~10公里范围内,休闲半径呈递减趋势,10公里以上的休闲半径人数又有一个增长。

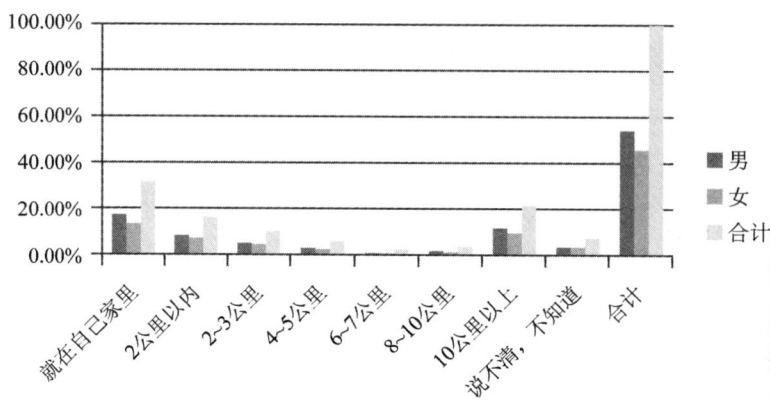

图 3-12　不同性别城镇居民休闲半径分配

女性居民在3公里以内的比重占到58.3%,而男性这一比例为58.8%,略高于女性。可见,在节假日,很多居民会选择到离家较远的地方休闲放松,休闲半径与工作日和周末相比较大。

表 3-9　不同性别城镇居民3公里以内休闲半径分配

	男	女	合计
3公里以内	58.8%	58.3%	58.5%
3公里以外	41.2%	41.7%	41.5%

3. 年轻人休闲半径较大,中老年人的休闲半径较小

在节假日各年龄段的城镇居民休闲半径有一定的差异,15~29岁的倾向于选择就在自己家里休闲,2公里以内休闲半径的15~29岁和30~44岁的分别达到了6.5%和6.4%,在1~10公里范围内,各年龄段的休闲半径呈递减趋势,而10公里以上的休闲半径人数又有一个陡增。

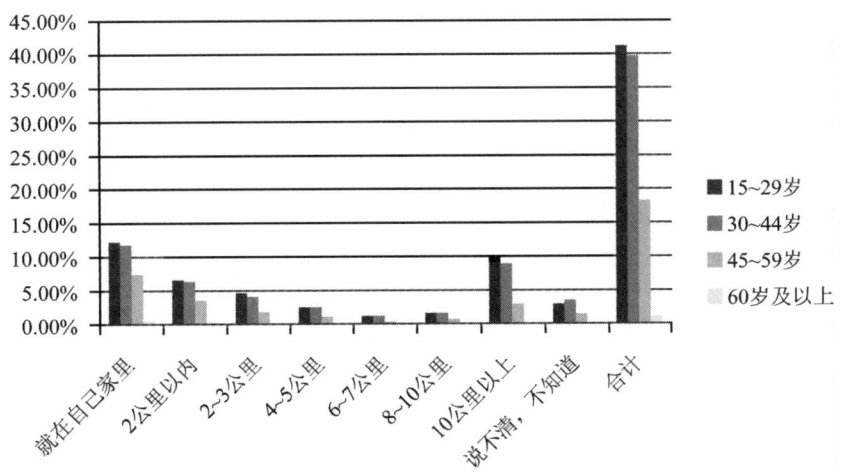

图 3-13　不同年龄城镇居民休闲半径分配

15～29 岁的年轻人和 30～44 岁的中青年人,休闲半径在 3 公里以外的比例分别为 43.9% 和 44.2%;60 岁以上的老年人闲暇时间更充裕,但由于受到身体状况等限制,休闲半径小于年轻人,休闲半径在 3 公里以外的占 30%,是节假日休闲半径最小的;对于处于 45～59 岁的中青年人,虽然可能比在工作日休闲时间多了一些,但处于上有老下有小的时期,同时身体状况也不如中青年人,所以远距离出行还是少了一些,休闲半径在 3 公里以外的占 31.9%。

表 3-10　不同年龄城镇居民 3 公里以内休闲半径分配

	15～29 岁	30～44 岁	45～59 岁	60 岁及以上
3 公里以内	56.1%	55.8%	68.1%	70%
3 公里以外	43.9%	44.2%	31.9%	30%

4. 已婚人士休闲半径较小,未婚人士休闲半径较大

在节假日,对于不同婚姻状况的城镇居民,其休闲半径有较大差异,已婚人士倾向于选择就在自己家里休闲,2 公里以内休闲半径的未婚和已婚人士的分别达到了 5.5% 和 10.7%,在 1～10 公里范围内,各婚姻状况人士的休闲半径呈递减趋势,而 10 公里以上的休闲半径人数又有一个陡增。

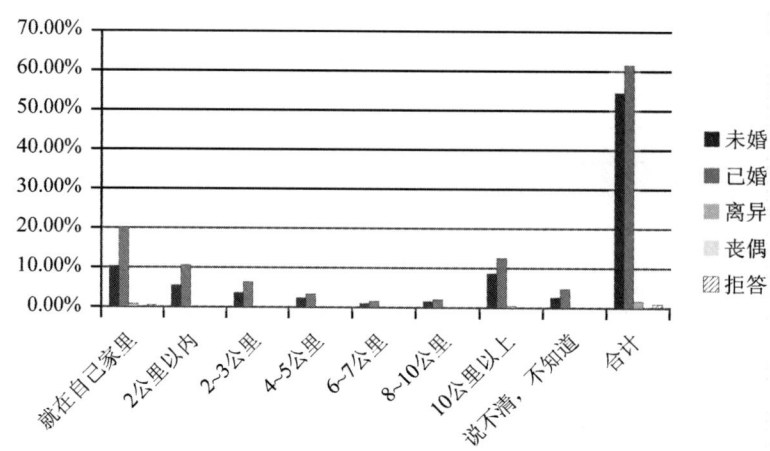

图3-14 不同婚姻状况城镇居民休闲半径分配

未婚和离异人士受家庭的制约较小,在节假日时间宽裕的情况下,可以到离家较远的地方休闲活动,休闲半径在3公里以外的比例为64.3%和44.4%;而已婚人士即使周末时间充裕,但为了照顾家庭和老人孩子,休闲半径在3公里以外的比例仍然不高,为39.4%。同时,由于是涉及个人隐私的婚姻状况调查,一部分人选择了拒答。

表3-11 不同婚姻状况城镇居民3公里以内休闲半径分配

	未婚	已婚	离异	丧偶	拒答
3公里以内	35.7%	60.6%	55.6%	0%	60%
3公里以外	64.3%	39.4%	44.4%	0%	40%

5. 低收入者休闲半径较小,高收入者休闲半径较大

在节假日,对于不同收入状况的城镇居民,在一定收入水平下休闲半径随着收入的上升而上升,收入在1501~3000元的居民更倾向于就在自己家里休闲,而收入在1500元以下的居民在2公里范围内休闲的比例达到1.9%。

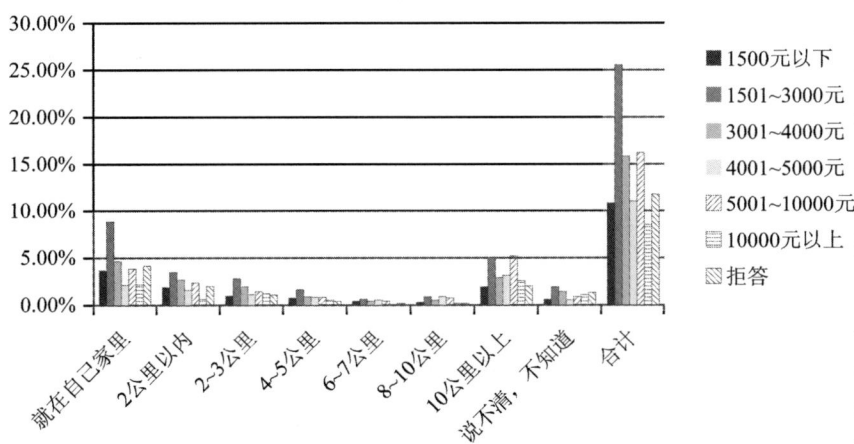

图 3-15　不同收入状况城镇居民休闲半径分配

收入在1500元以下的居民受收入预算的约束，即使在节假日时间充裕前提下，但经济条件不允许其到离家较远的地方休闲放松，故休闲半径在3公里以外的比例最低，为38%；而收入在10000元以上的居民虽然不受经济状况的制约，但休闲半径反而减小，这与收入高的人休闲时间较少以及时间机会成本更高有关，故休闲半径在3公里以外的比例并不高，为40.4%。同时，由于是涉及个人隐私的收入状况调查，一部分人选择了拒答。

表 3-12　不同收入状况城镇居民3公里以内休闲半径分配

	1500元以下	1501~3000元	3001~4000元	4001~5000元	5001~10000元	10000元以上	拒答
3公里以内	62.0%	59.8%	60.1%	44.1%	48.1%	59.6%	62.7%
3公里以外	38.0%	40.2%	39.9%	55.9%	51.9%	40.4%	37.3%

二、农村居民休闲空间研究

（一）农村居民农忙时空间研究

1. 农忙时的休闲半径总体较小

农忙时的时间紧张是制约农村居民休闲半径的主要原因。在农忙时，农村居民的休闲活动主要是在家里，比重最高为70.8%，其次是2公里以内的休闲活动，比重为21%，两者加起来达到了91.8%。农村居民农忙时休闲半径在2公里以上的比重仅为8.2%。说明农村居民农忙时的休闲活动主要集中在家庭和周边地区，远距离的休闲活动相对较少。

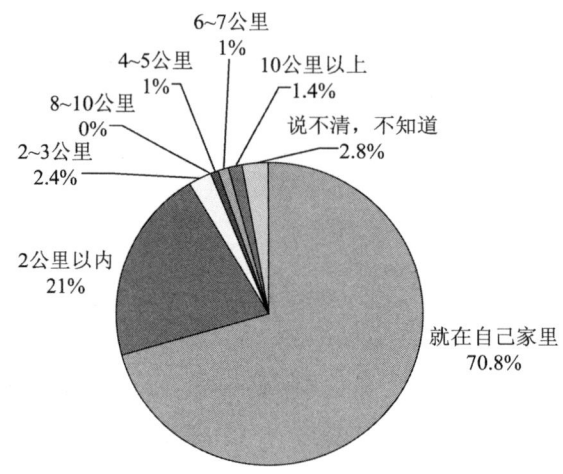

图3-16　农村居民农忙时休闲半径分配

2. 女性半径较小

对于农村居民来说，男女居民在农忙时的休闲半径选择有些差异，选择就在自己家里的占绝大多数，男性和女性分别达到了16.2%和19.2%，在1~10公里范围内，休闲半径呈递减趋势，10公里以上的休闲半径人数又有一个增长。

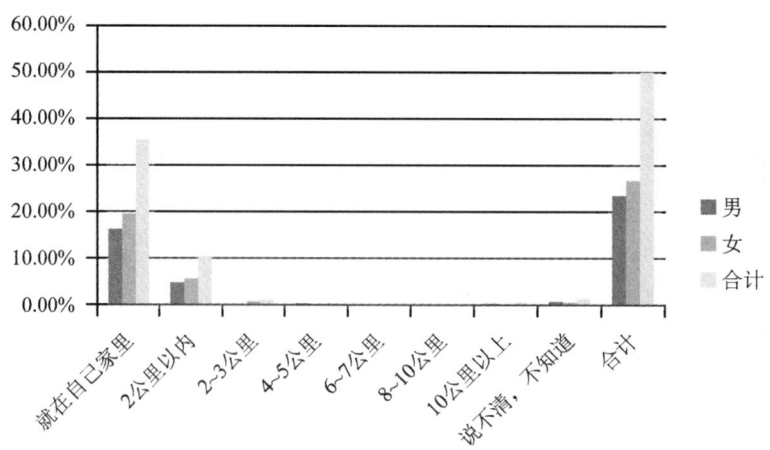

图3-17　不同性别农村居民休闲半径分配

女性居民在3公里以内的比重占到97.0%，而男性这一比例为91.0%，原因在于女性更易受到家庭事务、照顾老人和小孩等活动的限制，尤其是农忙时，做农活儿会占去大部分时间，即使休闲也只能局限于家中，主要进行家庭范围内的休闲和休闲半径较小的其他休闲活动。

表3-13 不同性别农村居民3公里以内休闲半径分配

	男	女	合计
3公里以内	91.0%	97.0%	94.2%
3公里以外	9.0%	3.0%	5.8%

3. 年轻人休闲半径较大，中年人的休闲半径较小

在农忙时各年龄段的农村居民休闲半径有一定的差异，45~59岁的倾向于选择就在自己家里休闲，2公里以内休闲半径的15~29岁和30~44岁的分别达到了1.2%和9%，在1~10公里范围内，各年龄段的休闲半径呈递减趋势，而10公里以上的休闲半径人数又有一个陡增。

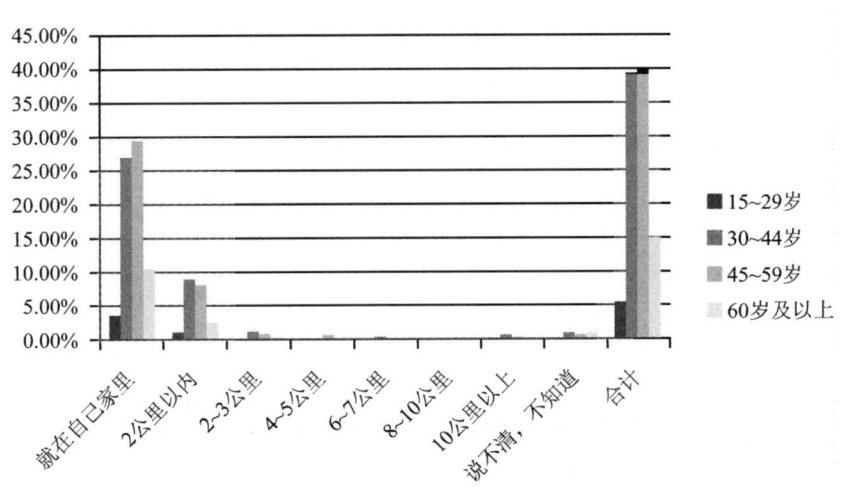

图3-18 不同年龄农村居民休闲半径分配

15~29岁的年轻人受到家庭因素的制约较小，休闲半径较大，休闲半径在3公里以外的比例为7.4%；60岁以上的老年人闲暇时间更充裕，而且农村的老年人一般身体状况都较好，休闲半径最高，为10.5%。而在农忙时休闲半径

最小的年龄段为45~59岁,农忙以外的闲暇时间较少,且多处于上有老下有小的时期,休闲活动主要是在家庭范围内,休闲半径在3公里以外的占4%。

表3-14 不同年龄农村居民3公里以内休闲半径分配

	15~29岁	30~44岁	45~59岁	60岁及以上
3公里以内	92.6%	94.4%	96%	89.5%
3公里以外	7.4%	5.6%	4%	10.5%

4. 已婚人士休闲半径较小,未婚人士休闲半径较大

在农忙时,对于不同婚姻状况的农村居民,其休闲半径有一定差异,已婚人士倾向于选择就在自己家里休闲,2公里以内休闲半径的未婚和已婚人士的分别达到了1.6%和17.8%,在1~10公里范围内,各婚姻状况人士的休闲半径呈递减趋势,而10公里以上的休闲半径人数又有一个陡增。

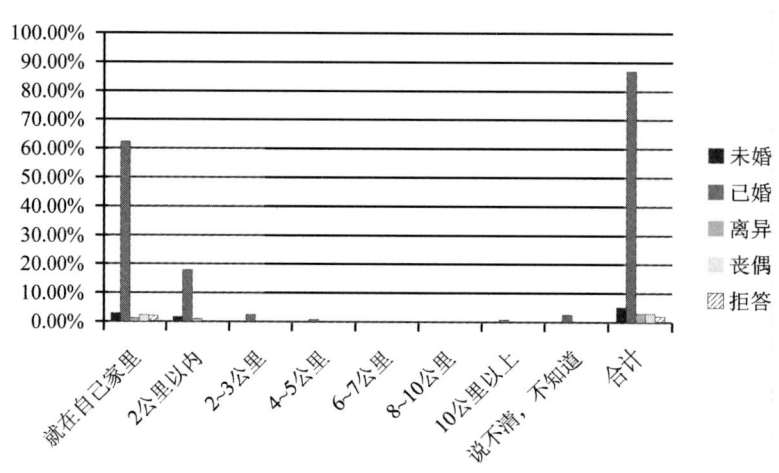

图3-19 不同婚姻状况农村居民休闲半径分配

已婚人士受家庭因素制约较大,闲暇时间可能要处理家庭事务及照顾老人孩子,休闲半径在3公里以外的比例最低为5.3%;而未婚和离异人士时间充裕,休闲半径在3公里以外的比例为11.5%和14.3%;丧偶居民的休闲半径在3公里以外的比例为6.7%。休闲半径在3公里以外拒答的人数为0,可见所有拒答的农村居民在农忙时的休闲半径都在3公里以内。

表 3-15　不同婚姻状况农村居民 3 公里以内休闲半径分配

	未婚	已婚	离异	丧偶	拒答
3 公里以内	88.5%	94.7%	85.7%	93.3%	100%
3 公里以外	11.5%	5.3%	14.3%	6.7%	0%

5. 低收入者休闲半径较小，高收入者休闲半径较大

在农忙时，对于不同收入状况的农村居民，休闲半径并没有随着收入的上升而上升，收入在 5000 元以下的居民更倾向于就在自己家里休闲，而收入在 5001～10000 元以下的居民在 2 公里范围内休闲的比例达到 2.7%。

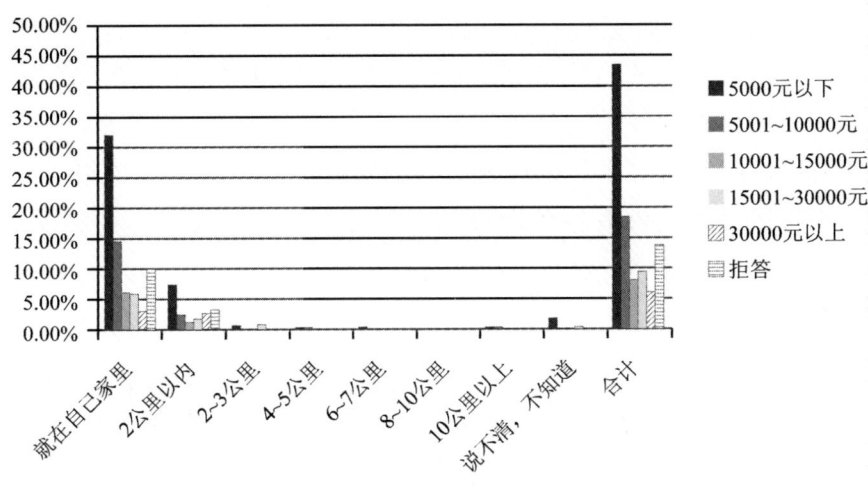

图 3-20　不同收入状况农村居民休闲半径分配

收入在 5000 元以下的农村居民，休闲半径在 3 公里以外的比例为 7.4%；而收入在 15 001～30 000 元的农村居民基本不受经济状况的制约，可以到离家较远的地方休闲，故休闲半径在 3 公里以外的比例为 8.3%；而收入水平在 10 001～15 000 元的居民休闲半径在 3 公里以外的比例最低，为 2.4%，这可能是由于处于这个收入水平的是中等收入居民，和低收入者比起来有经济实力支撑，但大多数会选择利用农闲时间在离家近的地方休闲，以方便为下一轮的农忙做好准备，和高收入者比起来则没有足够的经济实力支持，故不能到离家较远的地方休闲，所以休闲半径是最小的。同时，由于是涉及个人隐私的收入

状况调查,一部分人选择了拒答。

表 3–16　不同收入状况农村居民 3 公里以内休闲半径分配

	5000 元以下	5001~10000 元	10001~15000 元	15001~30000 元	30000 元以上	拒答
3 公里以内	92.6%	94.6%	97.6%	91.7%	95.2%	96.4%
3 公里以外	7.4%	5.4%	2.4%	8.3%	4.8%	3.6%

(二) 农村居民农闲时空间研究

1. 农闲时的休闲半径总体较小

农闲时时间较农忙时宽裕,农村居民的休闲活动主要是在家里,比重最高为 56.6%,其次是 2 公里以内的休闲活动,比重为 25.8%,两者加起来达到了 82.4%。农村居民农闲时休闲半径在 2 公里以上的比重仅为 13.5%。说明农村居民农闲时的休闲活动主要集中在家庭和周边地区,远距离的休闲活动相对较少,而且农村居民毕竟没有城镇居民的交通方便、时间充足、经济能力支撑,所以即使农闲时休闲半径也没有比农忙时有显著增加。

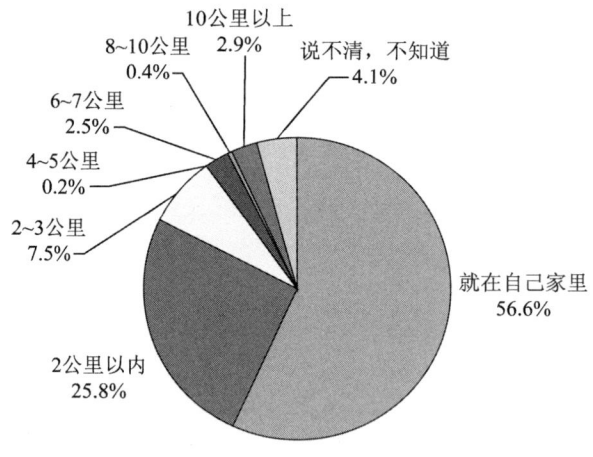

图 3–21　农村居民农闲时休闲半径分配

2. 女性半径较小

对于农村居民来说,男女居民在农闲时的休闲半径选择略有差异,选择就在自己家里的占绝大多数,男性和女性分别达到了12%和16.3%,在1~10公里范围内,休闲半径呈递减趋势,10公里以上的休闲半径人数又有一个增长。

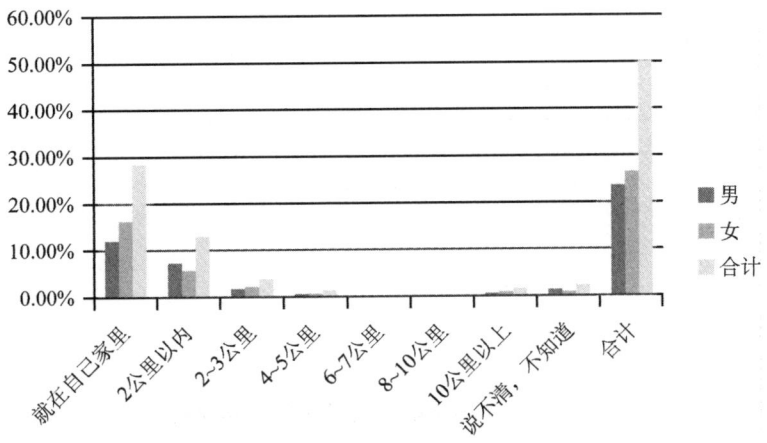

图3-22 不同性别农村居民休闲半径分配

女性居民在3公里以内的比重占到91.3%,而男性这一比例为88.5%,原因在于女性更易受到家庭农活儿、照顾老人和小孩等活动的限制,虽然在农闲时有了一定可支配时间,但女性仍然主要进行家庭范围内的休闲和休闲半径较小的其他休闲活动,而男性则在农闲时可以选择到离家较远的地方休闲。

表3-17 不同性别农村居民3公里以内休闲半径分配

	男	女	合计
3公里以内	88.5%	91.3%	90%
3公里以外	11.5%	8.7%	10%

3. 年轻人休闲半径较大,中年人的休闲半径较小

在农闲时各年龄段的农村居民休闲半径有一定的差异,30~44岁的倾向于选择就在自己家里休闲,2公里以内休闲半径的15~29岁和30~44岁的分别达到了1.1%和7.2%,在1~10公里范围内,各年龄段的休闲半径呈递减趋势,而10公里以上的休闲半径人数又有一个陡增。

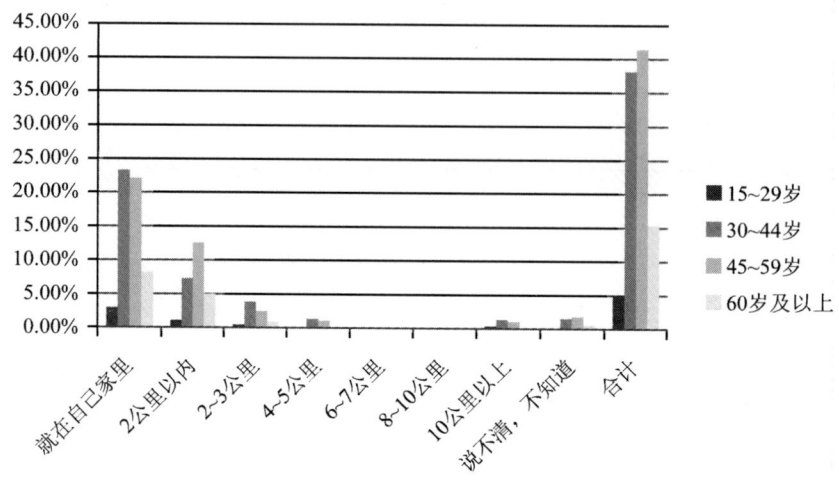

图 3-23 不同年龄农村居民休闲半径分配

15~29岁的年轻人受到家庭因素的制约较小，休闲半径较大，休闲半径在3公里以外的比例最高，为13.5%；60岁以上的老年人闲暇时间更充裕，而且农村的老年人一般身体状况都较好，但真正农闲时，老年人可能会选择传统的休闲项目，如下棋、聊天、打牌等，故休闲半径最低，为8.4%。而处在30~44岁和45~59岁年龄段的农村居民，休闲半径介于两者之间。

表 3-18 不同年龄农村居民3公里以内休闲半径分配

	15~29岁	30~44岁	45~59岁	60岁及以上
3公里以内	86.5%	89.7%	89.9%	91.6%
3公里以外	13.5%	10.3%	10.1%	8.4%

4. 已婚人士休闲半径较小，未婚和离异人士休闲半径较大

在农闲时，对于不同婚姻状况的农村居民，其休闲半径有一定差异，已婚人士倾向于选择就在自己家里休闲，2公里以内休闲半径的未婚和已婚人士的分别达到了0.9%和17.0%，在1~10公里范围内，各婚姻状况人士的休闲半径呈递减趋势，而10公里以上的休闲半径人数又有一个陡增。

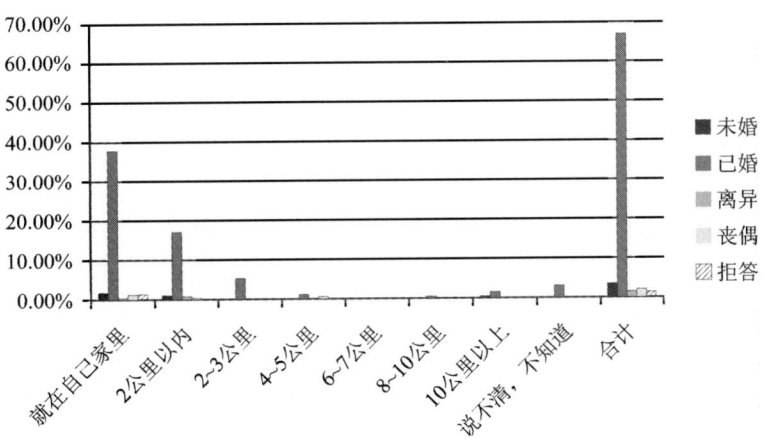

图 3-24　不同婚姻状况农村居民休闲半径分配

已婚人士受家庭因素制约较大，闲暇时间可能要处理家庭事务及照顾老人孩子，休闲半径在 3 公里以外的比例最低为 9.6%，但也高于农忙时的休闲半径；而未婚和离异人士时间充裕，休闲半径在 3 公里以外的比例为 17.6% 和 20%；丧偶居民的休闲半径在 3 公里以外的比例为 17.4%。休闲半径在 3 公里以外拒答的人数为 0，可见所有答题的农村居民在农闲时的休闲半径都在 3 公里以内。

表 3-19　不同婚姻状况农村居民 3 公里以内休闲半径分配

	未婚	已婚	离异	丧偶	拒答
3 公里以内	82.4%	90.4%	80%	82.6%	100%
3 公里以外	17.6%	9.6%	20%	17.4%	0%

5. 低收入者休闲半径较小，高收入者休闲半径较大

在农闲时，对于不同收入状况的农村居民，休闲半径并没有随着收入的上升而上升，收入在 5000 元以下的居民更倾向于就在自己家里休闲，而收入在 5001~10000 元的居民在 2 公里范围内休闲的比例达到 4.1%。

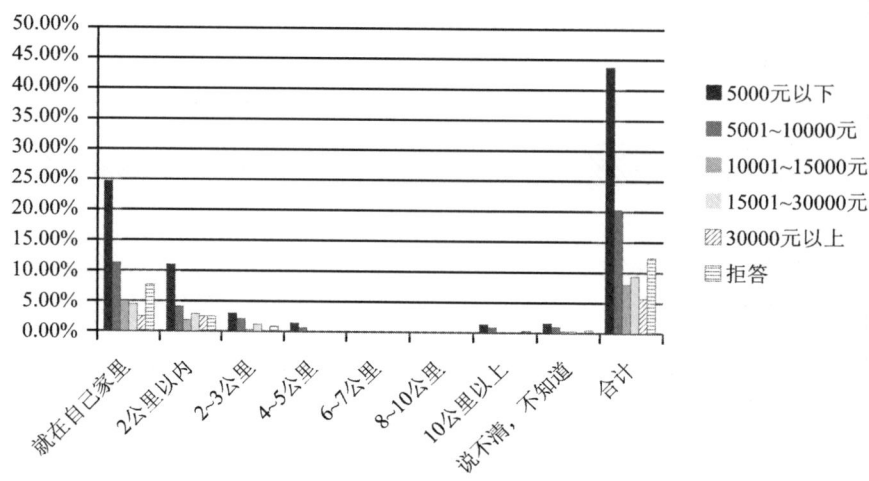

图 3-25 不同收入状况农村居民休闲半径分配

收入在 5000 元以下的农村居民,休闲半径在 3 公里以外的比例为 11.4%;而收入在 5001~10000 元的农村居民选择到离家较远的地方休闲,休闲半径在 3 公里以外的比例最高,为 13.7%;而收入水平在 10001~15000 元的居民休闲半径在 3 公里以外的比例最低,为 6.1%,但也明显高于农忙时的比例,这可能是由于处于这个收入水平的是中等收入居民,和低收入者比起来有经济实力支撑,但大多数会选择利用农闲时间在离家近的地方休闲,以方便为下一轮的农忙做好准备,和高收入者比起来则没有足够的经济实力支持,故不能到离家较远的地方休闲,所以休闲半径是最小的。同时,由于是涉及个人隐私的收入状况调查,一部分人选择了拒答。

表 3-20 不同收入状况农村居民 3 公里以内休闲半径分配

	5000 元以下	5001~10000 元	10001~15000 元	15001~30000 元	30000 元以上	拒答
3 公里以内	88.6%	86.3%	93.9%	93.7%	93.1%	92%
3 公里以外	11.4%	13.7%	6.1%	6.3%	6.9%	8%

三、小结

通过对城镇居民、农村居民休闲空间的分析,得出中国居民休闲空间总体特征:城镇居民工作日、双休日的休闲半径总体较短,节假日的休闲半径总体有所增加;农村居民无论是农忙时还是农闲时的休闲半径总体都较小。

不论是城镇居民还是农村居民,他们的休闲空间或多或少受到性别、年龄、婚姻、收入等因素的影响。对于城镇居民和农村居民都表现出类似的特征:女性半径较小;年轻人休闲半径较大,中年人的休闲半径较小;已婚人士休闲半径较小,未婚人士休闲半径较大;低收入者休闲半径较小,高收入者休闲半径较大。

第四章
中国居民休闲内容特征研究 2012—2013

关于居民休闲内容及特征的调查，采用电话访谈形式，对北京、上海、广州、成都、西安、长沙、沈阳、武汉、南京、杭州十个城市的城镇居民（2437人）、农村居民（360人）和退休人员（780人）进行调查，询问了居民在休闲时间进行的最主要三项活动，并根据调查的结果将我国城乡居民的休闲活动分为旅游、餐饮购物、文化娱乐、体育健身和其他休闲共五个大类。城乡居民的休闲偏好、休闲时间、休闲设施等方面的不同导致了我国居民休闲内容的差异。

一、中国居民休闲内容总体特征

鉴于中国城镇居民和农村居民在休闲行为方式与休闲内容方面存在显著不同，我们将城镇居民和农村居民分别进行考察和分析。

（一）文化娱乐是城镇居民休闲的主要内容，但随着休闲时间的增多，外出旅游的比重不断加大

在工作日，2437个受访城镇居民选择的休闲方式及其时间按分配比例分别为[①]：选择旅游（包括异地旅游和本市景区景点旅游）的只有204人次，约占受访城镇居民总人次的4.6%；选择餐饮购物（外出就餐、实地购物、美容、美发、美甲、洗浴、按摩、足疗等）的有484人次，约占受访城镇居民总人次的10.9%；选择文化娱乐（去咖啡厅、茶馆、酒吧、KTV、游乐游艺、DIY手工坊、影院、剧院、音乐厅、博物馆、展览馆、名人故居、实地演出和比赛、图书馆、学习书法绘画、看电视、上网、玩电脑、打牌等）的有2546人次，约占受访城镇居民总人次的57.5%；选择体育健身（去健身中心、舞蹈瑜伽、球类运动、游泳、跑步、散步遛弯、唱歌跳舞、广播操、传统体育锻炼活动等）的有997人次，约占受访城镇居民总人次的22.5%；还有选择其他休闲（包括家庭内聊天、亲戚串门、养花草和宠物、汽车维修保养、室内装修等）的有200人次，约占受访城镇居民总人次的4.5%。此外，休闲内容的选择也就直接

---

① 由于每名受访者可以提供1~3个选项，所以各部分比例是按统计的人次进行计算的。下同。

限定了休闲活动的空间范围。由于城镇居民工作日的主要休闲活动是文化娱乐，而经过调查发现，居民文化娱乐活动的范围基本上限定在离家2公里以内。因此，城镇居民在工作日的休闲活动空间范围主要集中在离家附近的范围内。

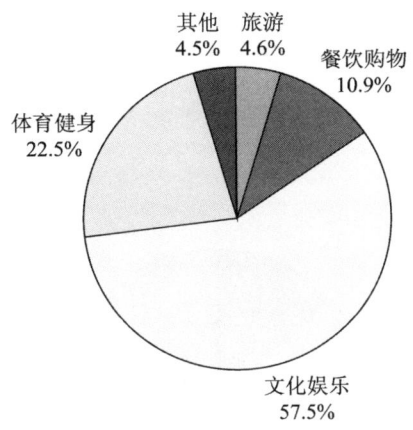

图4-1 城镇居民工作日休闲内容分配

在周末，城镇居民的休闲活动选择分配主要是：选择旅游的有602人次，是工作日选择旅游人次的近3倍，约占受访城镇居民总人次的13.7%；选择餐饮购物的有775人次，约占受访城镇居民总人次的17.7%；选择文化娱乐的有1971人次，约占受访城镇居民总人次的44.9%；选择体育健身的有709人次，约占受访城镇居民总人次的16.2%；选择其他的有331人次，约占受访城镇居民总人次的7.5%。

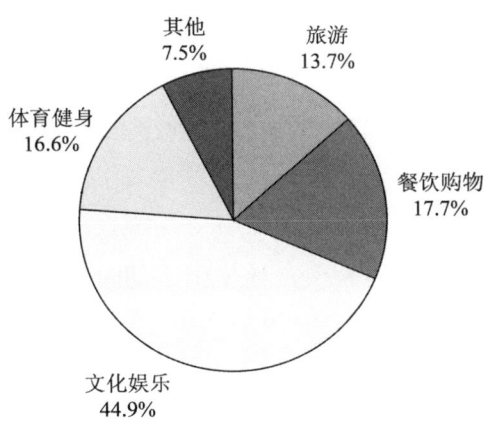

图4-2 城镇居民周末休闲内容分配

节假日是城镇居民休闲时间最为充裕的时间段。城镇居民可根据自己的需求选择最为喜爱的休闲活动。图4-3是城镇居民节假日休闲内容分配,其中选择旅游的有1061人次,是周末选择旅游人次的近两倍,约占受访城镇居民总人次的25.3%;选择餐饮购物的有560人次,约占受访城镇居民总人次的13.4%;选择文化娱乐的有1560人次,约占受访城镇居民总人次的37.3%;选择体育健身的有436人次,约占受访城镇居民总人次的10.4%;选择其他的,约占受访城镇居民总人次的13.6%。

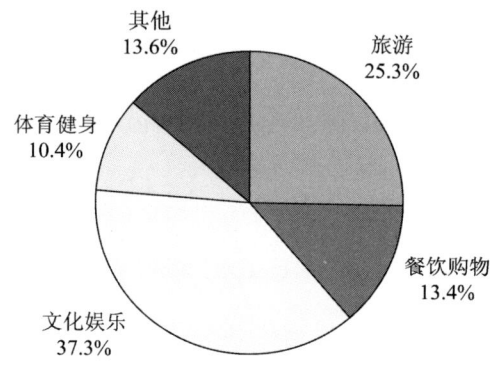

图4-3 城镇居民节假日休闲内容分配

由上述分析可知,城镇居民的休闲活动选择受休闲时间长短的影响很大,对于不同休闲时间,人们的休闲选择存在很大差异。文化娱乐是城镇居民最主要的休闲活动,但随着休闲时间的增加,选择外出旅游的居民比例不断增大,而选择文化娱乐和体育健身的居民比例却有所减小。另外,选择餐饮购物的城镇居民,在周末的比重最大,在节假日的比重次之,在工作日的比重最小。可见,在时间较为充足的周末和节假日,选择外出旅游和餐饮购物的城镇居民明显增多,人们借此开阔眼界、放松心情、获取知识和沟通情感的需求在不断增加。

(二)农村居民以居家休闲为主,且休闲活动时间较短

农村一年的时间可分为农忙和农闲。在农忙时,农村主要从事农业生产活动,而农业生产活动由于季节性很强,大多数农业生产活动需要农民不违农时,所以农村居民在农忙时的时间安排比较紧张,需要全身心投入到农业生产活动中去,用于从事休闲活动的时间和精力较少。加上农民收入水平较低,农村休闲设施相对缺乏，农民在消费观念上又认为休闲活动是"消费"而不是必要的劳动力再生产活动，所以农村居民在农忙时的休闲活动选择就比较单一。

此次调查的360位农村居民的休闲内容分配情况是：在农忙时，农村居民选择居家休闲（主要为家庭形式的休闲，如聊天、串门等）的有413人次，约占受访农村居民总人次的82.6%；选择户外休闲（包括旅游、餐饮购物、文化娱乐、体育健身）的有87人次，约占受访农村居民总人次的17.4%。在农闲时，选择居家休闲的有421人次，约占受访农村居民总人次的75.4%；选择户外休闲的有137人次，约占受访农村居民总人次的24.6%。其中，户外休闲活动中又以文化娱乐占主体，约占受访农村居民总人次的3%~5%。对比农忙和农闲时农村居民休闲活动选择可发现，选择餐饮购物的农村居民比例在农闲时要明显高于农忙时。

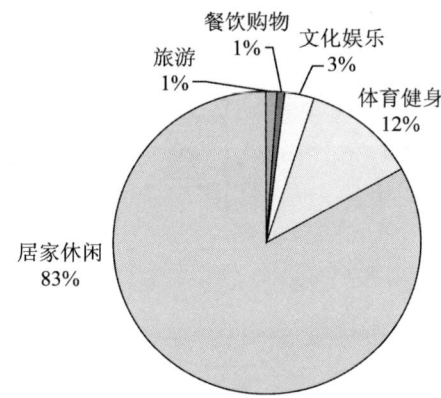

图4-4　农村居民农忙时休闲内容分配

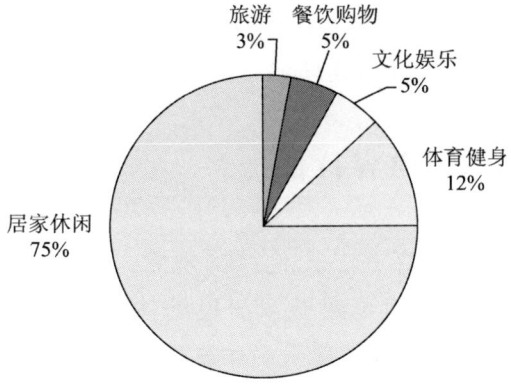

图4-5　农村居民农闲时休闲内容分配

可见，不管是农忙还是农闲，农村居民的休闲活动都较为单一，基本集中在家庭休闲方面，而户外休闲所占比例很小。农村居民休闲活动的潜力并未得到充分发挥。

（三）文化娱乐和体育健身是退休人员休闲活动的主要内容

随着我国社会老龄化的加快，退休人员比例增大，成为我国休闲内容特征分析的一个重要群体，因此这里单独列出。图4-6是退休人员休闲内容分配情况，此次接受访谈的780位退休人员中，选择旅游的有147人次，约占受访退休人员总人次的9.5%；选择餐饮购物的有55人次，约占受访退休人员总人次的3.6%；选择文化娱乐的有746人次，约占受访退休人员总人次的48.2%；选择体育健身的有533人次，约占受访退休人员总人次的34.4%；选择其他的有67人次，约占受访退休人员总人次的4.3%。

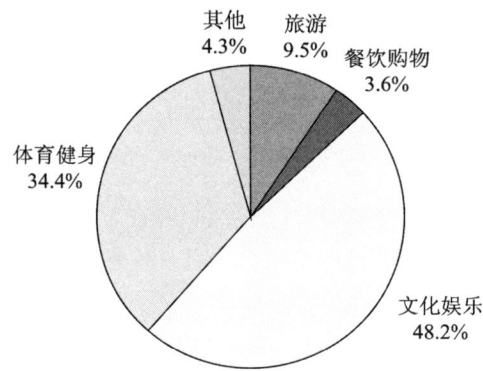

图4-6 退休人员休闲内容分配

由上面的分析可知，对于大多数退休人员，他们拥有更为充足的时间安排自己的生活，而且他们也具有更为强烈的体育健身意识，因此，文化娱乐和体育健身是其平时主要的休闲活动选择。

二、不同人群休闲内容特征

我国城乡经济社会发展存在二元化结构现象，致使城镇和农村在经济、文化等方面存在显著差异，从而导致城乡居民的休闲活动内容也存在较大差距。本部分将分别研究城镇、农村和退休人员中不同人群的休闲内容特征，以了解性别、年龄、学历、收入、家庭成员和婚姻状况等因素对居民休闲内容选择的影响。

（一）不同属性城镇居民休闲内容特征

1. 不同性别人群：女性的餐饮购物需求明显高于男性

图4-7显示了不同性别城镇居民工作日休闲内容分配情况，男性居民在工作日进行旅游、文化娱乐和体育健身的比重比女性要高，而女性居民进行餐饮购物的比重远远高于男性，两者选择其他类休闲活动的比重基本持平。

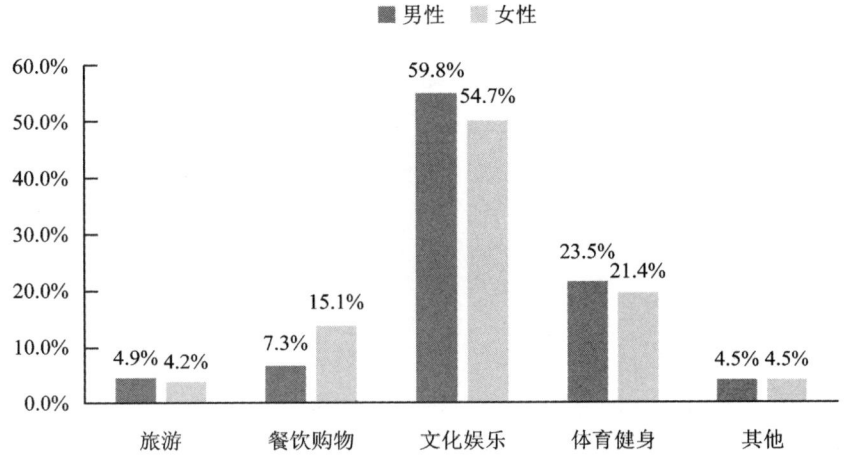

图4-7 不同性别城镇居民工作日休闲内容分配

图4-8显示了不同性别城镇居民周末休闲内容分配情况，可以看出男性居民在选择旅游、文化娱乐、体育健身和其他休闲方面比重都高于女性，而在餐饮购物方面，女性选择比重远远高于男性。

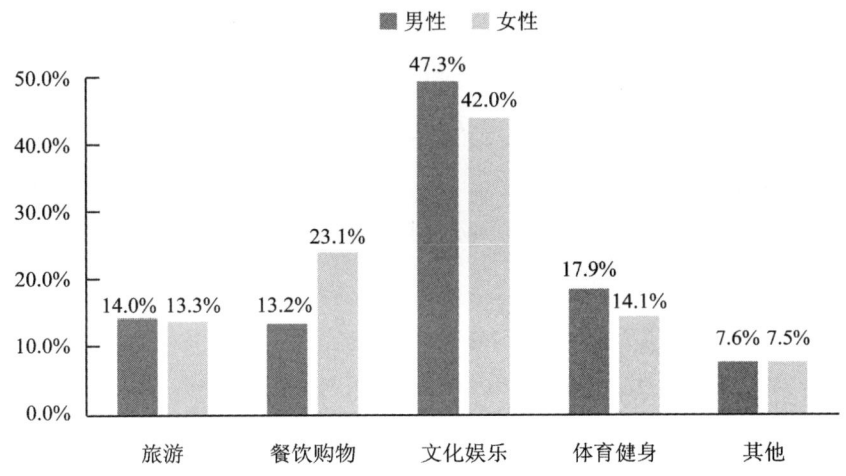

图4-8 不同性别城镇居民周末休闲内容分配

图 4-9 显示了不同性别城镇居民节假日休闲内容分配情况，在时间充足的节假日，男性居民选择旅游、文化娱乐和体育健身的比重高于女性，这和工作日的情况基本相同，且在餐饮购物方面，女性选择的比重仍远远高于男性。

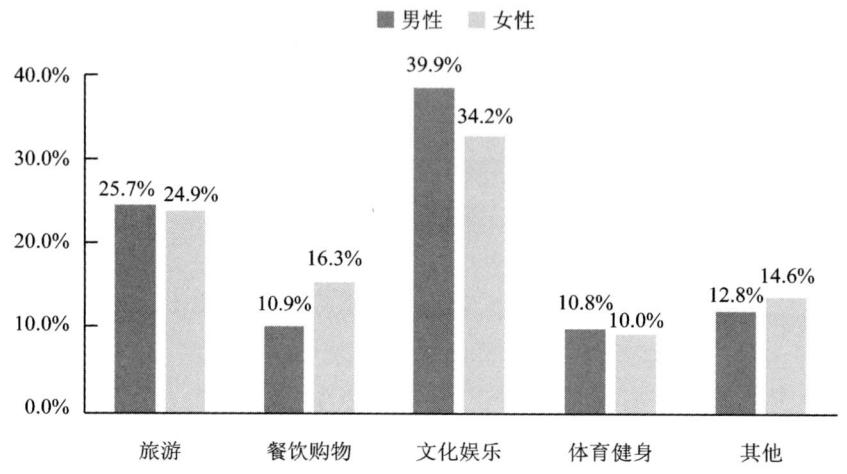

图 4-9　不同性别城镇居民节假日休闲内容分配

由上分析可知，不同性别的城镇居民的休息内容均以文化娱乐为主。在餐饮购物方面，女性选择的比重远大于男性，这种差异的出现反映了男性和女性休闲偏好的不同。另外，随着休闲时间的增加，不同性别选择进行旅游活动的比重也在增加。

2. 不同年龄段人群：随着年龄增长，选择旅游和体育健身的居民比例不断增加，而选择餐饮购物的居民比例有所减少

从图 4-10 可知，不同年龄城镇居民选择文化娱乐的比重仍是最大的。但相比之下，不同年龄段的城镇居民在单一休闲内容选择方面又存在着差异：15~29 岁的青年人更喜欢选择餐饮；30~44 岁的城镇居民更喜欢文化娱乐；而 45~59 岁以上的中老年人，更喜欢选择旅游和体育健身活动。

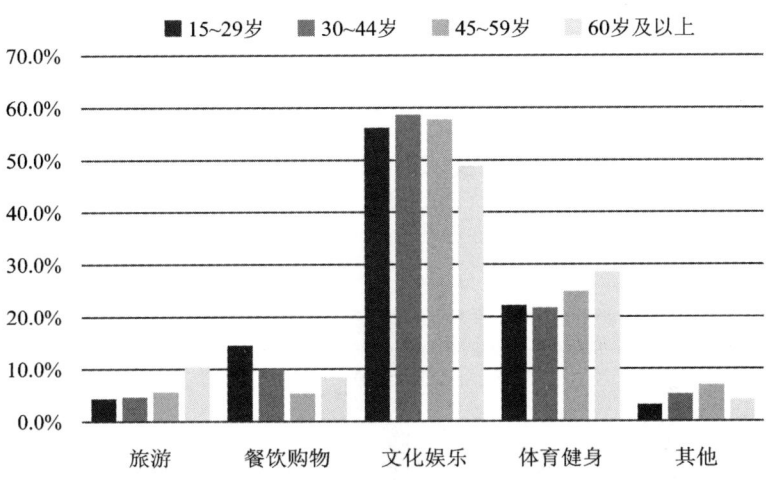

图 4 - 10 不同年龄城镇居民休闲内容分配

图 4 - 11 是不同年龄城镇居民周末休闲内容分配情况，总体来看，不同年龄人群对于旅游、餐饮购物、体育健身和其他休闲的选择比重有所增大，具体来看，老年人选择旅游、体育健身和其他休闲的比重最大，青年人选择餐饮购物的比重高于其他年龄群体，而 45～59 岁的中年人选择文化娱乐的比重远高于其他年龄群体。

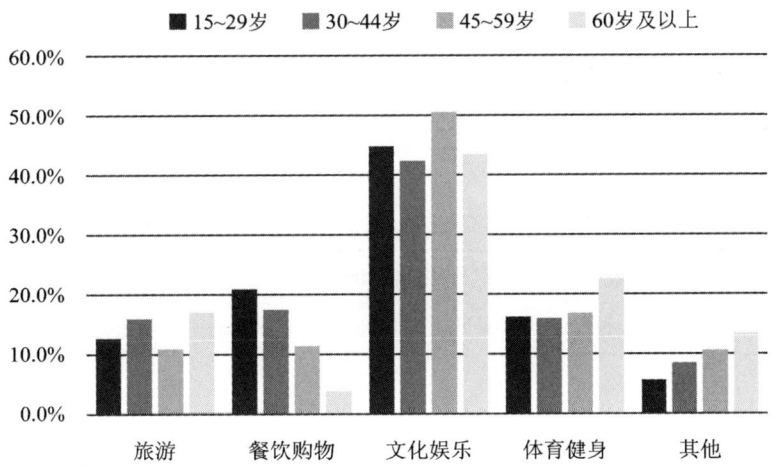

图 4 - 11 不同年龄城镇居民周末休闲内容分配

图4-12是不同年龄城镇居民节假日休闲内容分配情况,从总体来看,不同年龄群体节假日休闲活动呈现丰富多彩的态势,旅游休闲比重仅次于文化娱乐的比重。相比之下,青中年人群成为旅游的主力,老年人则更多地选择其他家庭休闲。

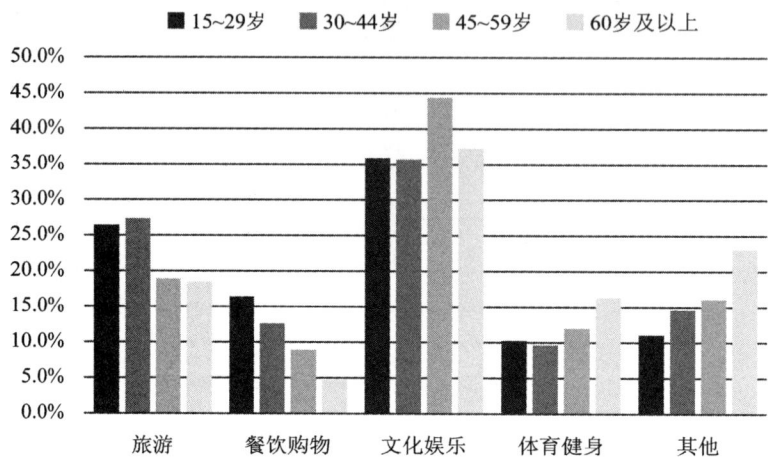

图4-12 不同年龄城镇居民节假日休闲内容分配

3. 不同学历人群:随着文化程度的提高,选择旅游的城镇居民比例有所增加,而选择文化娱乐的居民比例有所减小

表4-1显示了不同学历城镇居民工作日休闲内容分配情况。在工作日,城镇居民选择文化娱乐和其他休闲的比重基本上随着文化程度的提高有一定程度的减少,而选择旅游、餐饮购物、体育健身的比重基本上随着文化程度的提高有一定程度的增加。在周末,城镇居民的休闲内容也表现出了类似的趋势特征,如表4-2所示。

表4-1 不同学历城镇居民工作日休闲内容分配

工作日休闲	小学及以下	初中	高中/中专/技校	大专	本科	硕士及以上
旅游	3.5%	3.4%	3.9%	6.3%	4.8%	4.4%
餐饮购物	9.4%	11.1%	8.9%	13.2%	11.4%	10.1%
文化娱乐	62.4%	61.1%	60.0%	55.4%	54.8%	52.4%
体育健身	15.3%	17.6%	22.0%	22.6%	25.2%	30.4%
其他	9.4%	6.8%	5.1%	2.5%	3.8%	2.6%

表4-2 不同学历城镇居民周末休闲内容分配

周末休闲	小学及以下	初中	高中/中专/技校	大专	本科	硕士及以上
旅游	5.7%	8.4%	11.7%	15.8%	17.2%	19.7%
餐饮购物	8.8%	14.4%	17.4%	19.6%	18.7%	19.7%
文化娱乐	57.2%	52.9%	49.4%	42.9%	38.5%	31.4%
体育健身	14.5%	14.6%	14.3%	14.7%	19.6%	20.6%
其他	13.8%	9.6%	7.3%	7.1%	6.1%	8.5%

表4-3是不同学历城镇居民节假日休闲内容分配比重。在休闲时间最为充裕的节假日，不同学历城镇居民进行的休闲内容差异性要大于工作日和周末。从总体来看，不同学历城镇居民选择文化娱乐的比重随文化程度的提高有一定减少，选择旅游的比重随文化程度的提高有一定增加。具体来说，不同学历城镇居民对于其他几类休闲内容的选择不太受文化程度高低的影响，比如本科学历的居民进行餐饮购物的比重最高，初中学历的居民选择体育健身的比重最高，小学及以下学历的居民选择其他休闲内容的比重最高。

表4-3 不同学历城镇居民节假日休闲内容分配

节假日休闲	小学及以下	初中	高中/中专/技校	大专	本科	硕士及以上
旅游	14.5%	17.3%	22.2%	29.7%	30.6%	31.3%
餐饮购物	12.7%	13.5%	13.5%	13.2%	13.7%	12.1%
文化娱乐	45.1%	44.6%	39.1%	34.0%	33.7%	29.9%
体育健身	9.8%	11.3%	9.9%	10.1%	10.4%	11.2%
其他	17.9%	13.2%	15.3%	13.0%	11.5%	15.4%

由上可知，不管是在工作日、周末还是节假日，随着文化程度的提高，城镇居民进行旅游的比重呈现增加趋势，而选择文化娱乐的比重出现减少趋势。因此，较高的受教育程度有利于提升居民的休闲生活品位，丰富休闲内容的多元化程度。

4. 不同收入人群：中间收入人群是各休闲活动的主体

随着我国经济社会的不断发展，休闲活动在人们生活中的消费比重越来越大，不同种类的休闲活动所需要支付的费用也各不相同，所以收入水平的差别影响着人们的休闲选择，不同收入水平的人会有不同的休闲活动需求。由表4-4可知，文化娱乐和其他休闲活动的比重随收入的增加呈现波动性减少的趋势，而旅游和餐饮购物的比重随收入的增加呈现波动性增加的趋势。相比之下，餐饮购物和旅游等休闲活动需要较高的成本，因而更为受到高收入居民的青睐。在周末，不同收入水平城镇居民的休闲选择也表现出类似的趋势特征（表4-5）。

表4-4 不同收入城镇居民工作日休闲内容分配

工作日休闲	1500元以下	1501~3000元	3001~4000元	4001~5000元	5001~10 000元	10 000元以上
旅游	2.9%	3.7%	5.9%	6.1%	5.6%	5.5%
餐饮购物	7.9%	10.4%	9.1%	12.9%	12.2%	9.4%
文化娱乐	57.5%	57.6%	57.5%	54.4%	53.5%	52.8%
体育健身	25.7%	25.1%	23.7%	22.8%	24.8%	26.4%
其他	6.1%	3.2%	3.7%	3.7%	3.9%	6.0%

表4-5 不同收入城镇居民周末休闲内容分配

周末休闲	1500元以下	1501~3000元	3001~4000元	4001~5000元	5001~10 000元	10 000元以上
旅游	7.3%	12.6%	15.2%	18.3%	17.8%	19.3%
餐饮购物	15.0%	17.5%	17.1%	17.9%	19.8%	20.2%
文化娱乐	50.4%	44.5%	43.8%	38.2%	43.6%	34.2%
体育健身	19.7%	16.5%	18.8%	18.9%	14.2%	15.4%
其他	7.7%	8.9%	5.1%	6.6%	4.6%	11.0%

表4-6显示了不同收入城镇居民周末休闲内容分配情况，在节假日，不同收入居民对于休闲内容的选择差异性比工作日和周末更明显。具体来说，月收入在4001~5000元的居民进行旅游休闲的比重最高，月收入在1501~3000元

的居民进行文化娱乐的比重最高,而月收入在1500元以下的居民进行其他休闲的比重最高。

表4-6 不同收入城镇居民节假日休闲内容分配

节假日休闲	1500元以下	1501~3000元	3001~4000元	4001~5000元	5001~10000元	10000元以上
旅游	19.8%	26.2%	27.3%	36.5%	31.8%	34.3%
餐饮购物	13.0%	11.2%	13.2%	14.0%	14.0%	10.5%
文化娱乐	38.2%	39.2%	37.1%	28.8%	30.3%	32.4%
体育健身	11.1%	9.8%	10.4%	10.3%	9.9%	9.0%
其他	17.9%	13.6%	11.9%	10.3%	14.0%	13.8%

由上分析可知,不同收入水平的城镇居民在选择休闲内容上存在差异。总体来看,中间收入人群是各类休闲活动的主体。收入水平对低收入城镇居民休闲内容的选择影响相对较大,而对于高收入群体,休闲时间的长短相对更能影响他们对于休闲内容的选择。

5. 不同家庭规模人群:拥有三人及以上家庭成员的城镇居民选择旅游休闲的比重相对较大

表4-7反映了不同家庭规模的城镇居民工作日休闲内容分配情况,相比之下,一人家庭更容易选择餐饮购物,两人家庭多会进行文化娱乐,三人家庭多会进行体育健身,四人及以上家庭更容易选择旅游活动。在周末和节假日,不同家庭规模城镇居民的休闲内容也表现出了类似的趋势特征(见表4-8,表4-9)。

表4-7 不同家庭成员城镇居民工作日休闲内容分配

工作日休闲	1人	2人	3人	4人	5人及以上
旅游	4.4%	4.5%	4.5%	5.8%	3.5%
餐饮购物	12.4%	10.9%	10.5%	10.4%	10.6%
文化娱乐	58.0%	59.9%	57.2%	56.2%	57.5%
体育健身	21.2%	21.1%	23.5%	22.9%	22.7%
其他	4.0%	3.6%	4.3%	4.7%	5.7%

表4-8 不同家庭成员城镇居民周末休闲内容分配

周末休闲	1人	2人	3人	4人	5人及以上
旅游	13.7%	12.5%	14.2%	14.4%	14.1%
餐饮购物	19.3%	17.7%	16.7%	17.4%	18.4%
文化娱乐	44.0%	44.7%	45.0%	47.0%	43.7%
体育健身	15.7%	17.6%	16.9%	14.2%	15.0%
其他	7.2%	7.5%	7.2%	7.0%	8.8%

表4-9 不同家庭成员城镇居民节假日休闲内容分配

节假日休闲	1人	2人	3人	4人	5人及以上
旅游	25.1%	21.5%	28.2%	25.4%	25.3%
餐饮购物	15.2%	13.0%	12.8%	13.5%	13.2%
文化娱乐	36.0%	40.9%	35.8%	38.6%	36.5%
体育健身	9.0%	11.4%	10.5%	9.4%	10.6%
其他	14.6%	13.1%	12.6%	13.2%	14.3%

由上分析可知，一般家庭成员在3人以下的城镇居民，多会选择除了旅游之外的其他几类休闲活动，而3人及以上家庭选择旅游的概率更高一些，这说明随着经济的发展，作为一种时尚休闲方式的旅游，也越来越成为家庭成员交流和增进感情的重要方式。

6. 不同婚姻状况人群：与其他婚姻状况城镇居民相比，未婚城镇居民更易选择餐饮购物活动

由表4-10，对工作日不同婚姻状况的城镇居民调查发现，未婚城镇居民选择餐饮购物的比重相对较高，离异居民选择旅游和文化娱乐的比重相对较高，而丧偶居民选择体育健身的比重相对较高。在周末，不同婚姻状况的城镇居民休闲内容的比较结果也表现出类似的趋势特征（表4-11）。

表4–10 不同婚姻状况城镇居民工作日休闲内容分配

工作日休闲	未婚	已婚	离异	丧偶
旅游	4.4%	4.7%	4.9%	0.0%
餐饮购物	13.1%	9.7%	11.1%	0.0%
文化娱乐	55.7%	58.5%	59.3%	50.0%
体育健身	23.1%	22.2%	17.3%	50.0%
其他	3.7%	4.9%	7.4%	0.0%

表4–11 不同婚姻状况城镇居民周末休闲内容分配

周末休闲	未婚	已婚	离异	丧偶
旅游	12.3%	14.6%	13.6%	33.3%
餐饮购物	20.2%	16.1%	16.0%	0.0%
文化娱乐	45.3%	44.8%	45.7%	33.3%
体育健身	16.6%	16.0%	11.1%	33.3%
其他	5.6%	8.5%	13.6%	0.0%

由表4–12可，对节假日不同婚姻状况的城镇居民调查发现，相比较而言，未婚城镇居民进行餐饮购物和体育健身的比重较高，已婚居民进行文化娱乐的比重较高，离异居民进行其他休闲的比重较高，而丧偶居民进行旅游的比重较高。

表4–12 不同婚姻状况城镇居民节假日休闲内容分配

节假日休闲	未婚	已婚	离异	丧偶
旅游	26.9%	24.5%	25.3%	100.0%
餐饮购物	15.7%	12.2%	8.0%	0.0%
文化娱乐	36.5%	37.8%	37.3%	0.0%
体育健身	10.6%	10.4%	4.0%	0.0%
其他	10.3%	15.1%	25.3%	50.0%

由上分析可知，不管是工作日、周末还是节假日，未婚城镇居民选择餐饮

购物的比重都相对较高,可以说明未婚居民比已婚、离异和丧偶居民更容易进行消费购物。

综上所述,不同性别、年龄、学历、收入、家庭规模和婚姻状况等因素对城镇居民休闲内容选择都有或多或少的影响,其中,性别、年龄、学历和收入对居民休闲活动的选择影响相对较大。以上因素促使不同属性城镇居民休闲内容特征具体表现为:一是女性城镇居民的餐饮购物需求明显高于男性;二是随着年龄增长,选择旅游和体育健身的城镇居民比例不断增加,而选择餐饮购物的居民比例有所减少;三是随着文化程度的提高,选择旅游的城镇居民比例有所增加,而选择文化娱乐的居民比例有所减小;四是中间收入人群是各休闲活动的主体;五是拥有3人及以上家庭成员的城镇居民选择旅游休闲的比重相对较大;六是与其他婚姻状况城镇居民相比,未婚城镇居民更易选择餐饮购物活动。

(二) 不同属性农村居民休闲内容特征

农村居民的休闲活动选择中,居家休闲占绝大部分,在农忙季节其比例甚至已经达到了82.6%以上,而在这些家庭活动中选择看电视、上网、玩游戏、打牌等文化娱乐活动的最多,其他休闲方式在调研过程中仅零星出现,所占比重很小。

1. 不同性别人群:农闲时男性农村居民比女性居民更易选择旅游休闲

由图4-13与图4-14可知,在农忙时,男性和女性农村居民在选择餐饮购物方面存在些许差异,女性居民选择比重略高于男性。在农闲时,不同性别农村居民在选择旅游和餐饮购物方面出现较明显的差异,其中,女性居民选择餐饮购物的比重高于男性,而男性选择旅游的比重高于女性。

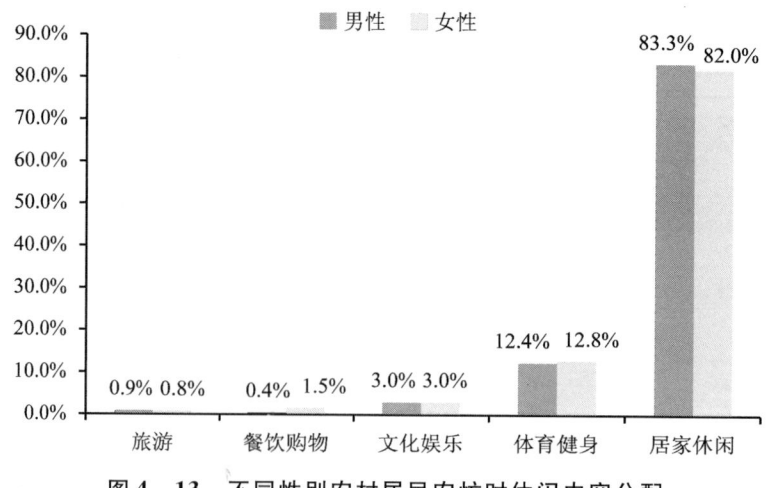

图4-13 不同性别农村居民农忙时休闲内容分配

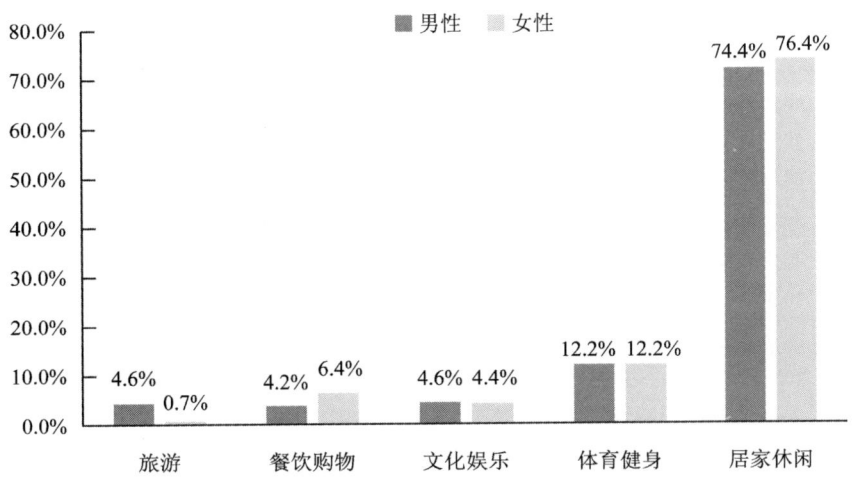

图4-14 不同性别农村居民农闲时休闲内容分配

2. 不同年龄段人群：随着年龄的增长，农村居民居家休闲的比重不断增加

由图4-15与图4-16可知，在农忙时，相比之下，30~44岁农村居民选择旅游和餐饮购物的比重高于其他年龄段群体，60岁及以上老年人选择体育健身的比重相对较大，而45~59岁的中年人选择居家休闲的比重相对较大。在农闲时，相比之下，15~29岁农村居民选择旅游休闲的比重较大，30~44岁居民选择餐饮购物和文化娱乐的比重较大，45~59岁居民选择居家休闲的比重较大，而60岁及以上的老年人选择体育健身的比重最大。

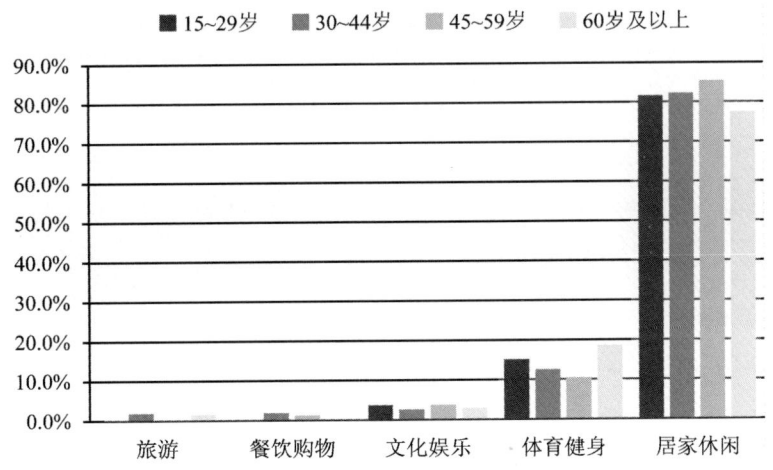

图4-15 不同年龄农村居民农忙时休闲内容分配

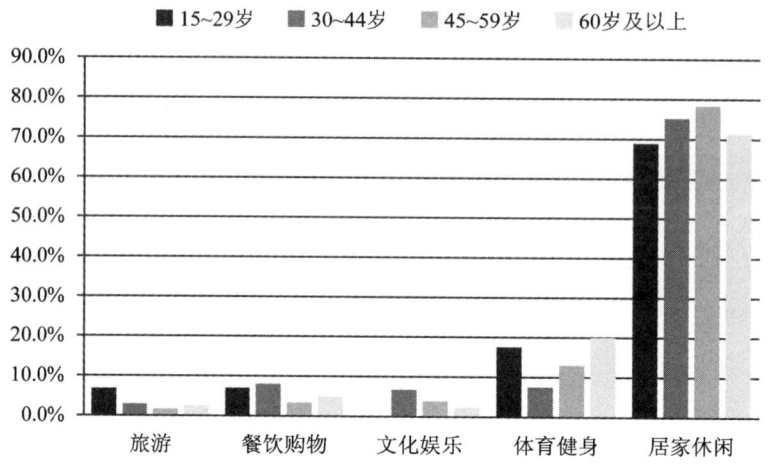

图 4-16　不同年龄农村居民农闲时休闲内容分配

3. 不同收入人群：收入较低的农村居民多选择居家休闲

在农忙时，农村居民收入多少对休闲内容的选择影响很小，相比之下，对农闲时的休闲内容选择影响较大。表 4-13 显示了不同收入农村居民农闲时休闲内容分配情况，相比之下，5000 元以下的农村居民选择居家休闲的比重较高，30000 元以上的居民选择体育健身的比重较高，收入为 5001~10000 元的居民选择餐饮购物的比重较高，而收入为 10001~15000 元的居民选择旅游和文化娱乐的比重最高。

表 4-13　不同收入农村居民农闲时休闲内容分配

农闲时休闲	5000 元以下	5001~10000 元	10001~15000 元	15001~30000 元	30000 元以上
旅游	1.7%	2.7%	4.5%	2.0%	3.2%
餐饮购物	4.3%	8.2%	4.5%	3.9%	6.5%
文化娱乐	3.8%	6.4%	6.8%	3.9%	3.2%
体育健身	10.2%	12.7%	6.8%	17.6%	22.6%
居家休闲	80.0%	70.0%	77.3%	72.5%	64.5%

4. 不同家庭规模人群：家庭成员的多少对农村居民休闲内容选择的影响不明显

在农闲时，农村居民家庭规模对其休闲活动选择的影响微乎其微，因此，这里重点分析它对农闲时农村居民休闲内容的影响。由表4-14可知，不同家庭规模农村居民农闲时的休闲内容分配情况，相比之下，3人家庭更容易进行旅游休闲，4人家庭更易选择餐饮购物，1人家庭更多选择文化娱乐，2人家庭更易进行体育健身，而5人及以上家庭更易选择居家休闲。

表4-14 不同家庭成员农村居民农闲时休闲内容分配

农闲时休闲	1人	2人	3人	4人	5人及以上
旅游	0.0%	2.3%	4.9%	1.8%	1.9%
餐饮购物	4.0%	4.7%	5.8%	6.2%	5.7%
文化娱乐	8.0%	3.5%	5.8%	5.3%	3.8%
体育健身	16.0%	17.4%	7.8%	11.5%	11.0%
居家休闲	72.0%	72.1%	75.7%	75.2%	77.6%

5. 不同婚姻状况人群：农村单亲家庭选择居家休闲的比重高于已婚、未婚家庭

表4-15显示了不同婚姻状况农村居民休闲内容分配情况。在农忙时，丧偶居民选择旅游和居家休闲的比重相对较高，已婚居民选择餐饮购物的比重相对较高，而未婚居民选择文化娱乐和体育健身的比重相对较高；在农闲时，未婚居民选择旅游的比重相对较高。

表4-15 不同婚姻状况农村居民休闲内容分配

农忙时	未婚	已婚	离异	丧偶	农闲时	未婚	已婚	离异	丧偶
旅游	0.0%	0.7%	0.0%	6.7%	旅游	4.0%	2.6%	0.0%	0.0%
餐饮购物	0.0%	1.1%	0.0%	0.0%	餐饮购物	4.0%	5.7%	0.0%	5.9%
文化娱乐	7.7%	2.8%	7.1%	0.0%	文化娱乐	4.0%	4.2%	0.0%	17.6%
体育健身	26.9%	12.2%	7.1%	6.7%	体育健身	28.0%	11.5%	9.1%	11.8%
居家休闲	65.4%	83.2%	85.7%	86.7%	居家休闲	60.0%	76.0%	90.9%	64.7%

对于农村不同群体休闲内容特征的分析，主要也是从不同性别、年龄、收入、家庭规模和婚姻状况等方面展开调查。根据前文的分析可知，不同农村居民休闲内容大致有以下几个特征：一是农闲时男性农村居民比女性居民更易选择旅游休闲；二是随着年龄的增长，农村居民居家休闲的比重不断增加；三是收入较低的农村居民多选择居家休闲；四是家庭成员的多少对农村居民休闲内容选择的影响不明显；五是农村单亲家庭选择居家休闲的比重高于已婚、未婚家庭。但总体上，居家休闲仍是农村居民的休闲主体，收入水平对农村居民休闲活动选择上产生的影响相对较大。

（三）不同属性退休人员休闲内容特征

随着退休人群的增加，退休人员越来越成为社会发展的一个重要群体，在诸多方面扮演着重要角色，因此关于中国居民休闲内容特征的分析离不开对退休群体的关注。

1. 不同性别人群：女性比男性更易选择餐饮购物

由图4-17可知，总体上，文化娱乐和体育健身是不同性别退休人员休闲内容的主要方面。对于其余三类休闲活动来说，男性退休人员与女性退休人员在餐饮购物方面的差异相对较大，其中，退休女性选择餐饮购物的比重有5.3%，而男性只有1.0%，说明女性退休人员比男性退休人员更易选择餐饮购物。

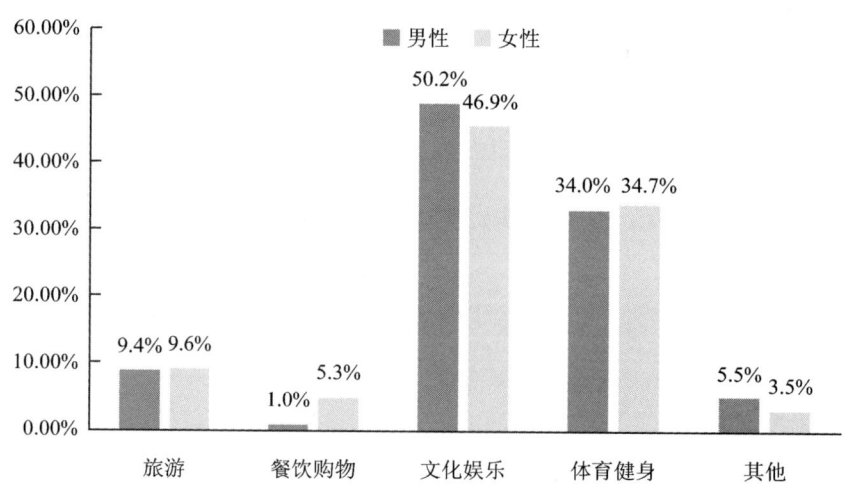

图4-17 不同性别退休人员休闲内容分配

2. 不同学历群体：学历高的退休人员更易选择旅游休闲

由表4-16可知，退休人员选择旅游的比重随文化程度的提高有所增加，而文化娱乐和其他休闲的比重随文化程度的提高有所减少。相比之下，高中（中专/技校）文凭的退休人员更易选择餐饮购物，而硕士及以上文凭退休人员更多选择体育健身。

表4-16 不同学历退休人员休闲内容分配

退休人员休闲	小学及以下	初中	高中/中专/技校	大专	本科	硕士及以上
旅游	3.3%	8.9%	11.5%	9.4%	11.7%	0.0%
餐饮购物	4.4%	3.3%	4.7%	2.7%	1.1%	0.0%
文化娱乐	51.7%	49.5%	48.1%	45.1%	45.0%	50.0%
体育健身	30.6%	34.9%	32.0%	40.2%	37.2%	50.0%
其他休闲	10.0%	3.3%	3.8%	2.7%	5.0%	0.0%

3. 不同收入群体：收入越高的退休人员其旅游休闲偏好越大

由表4-17可知，退休人员选择旅游的比重随收入的增加而增大，旅游受到高收入退休群体的青睐。相比之下，低收入退休人员更易选择其他家庭休闲活动。

表4-17 不同收入退休人员休闲内容分配

退休人员休闲	1500元以下	1501~3000元	3001~4000元	4001~5000元	5001~10000元	10000元以上
旅游	5.5%	9.0%	9.5%	14.1%	18.8%	20.6%
餐饮购物	4.4%	2.3%	4.4%	3.1%	2.3%	2.9%
文化娱乐	48.5%	50.3%	45.6%	48.4%	42.1%	50.0%
体育健身	36.4%	34.4%	37.3%	31.3%	33.1%	26.5%
其他休闲	5.1%	4.0%	3.2%	3.1%	3.8%	0.0%

4. 不同家庭规模人群：拥有1人家庭成员的退休人员较多选择文化娱乐休闲活动

由表4-18可知，2人家庭的退休人员更易选择旅游和体育健身，3人家庭成员的退休人员更易选择餐饮购物，1人家庭成员的退休人员多选择文化娱乐，

5人及以上家庭成员的退休人员多进行其他休闲。

表4-18 不同家庭成员退休人员休闲内容分配

退休人员休闲	1人	2人	3人	4人	5人及以上
旅游	10.4%	10.6%	9.2%	8.1%	8.4%
餐饮购物	1.5%	3.5%	4.6%	2.4%	3.7%
文化娱乐	53.7%	46.0%	50.5%	52.0%	45.5%
体育健身	29.9%	36.9%	31.7%	30.9%	35.5%
其他休闲	4.5%	3.1%	4.0%	6.5%	7.0%

5. 不同婚姻状况人群：未婚退休人员较多选择旅游，而丧偶人员较多选择其他休闲

由表4-19可知，未婚退休人员选择旅游和文化娱乐的比重相对较高，丧偶人群选择餐饮和其他休闲的比重相对较高，而离异人群多选择体育健身活动。

表4-19 不同婚姻状况退休人员休闲内容分配

退休人员休闲	未婚	已婚	离异	丧偶
旅游	18.2%	9.3%	8.6%	10.5%
餐饮购物	0.0%	3.5%	2.9%	4.2%
文化娱乐	54.5%	47.6%	51.4%	53.1%
体育健身	27.3%	35.4%	37.1%	24.5%
其他休闲	0.0%	4.2%	0.0%	7.7%

由上分析，不同属性退休人员休闲活动选择方面具有以下几点特征：一是女性退休人员比男性更易选择餐饮购物；二是学历高的退休人员更易选择旅游休闲；三是收入越高的退休人员其旅游休闲偏好越大；四是拥有1人家庭成员的退休人员较多选择文化娱乐休闲活动；五是未婚退休人员较多选择旅游，而丧偶人员较多选择其他休闲。总体上，退休人员一般拥有相对充足的时间和金钱，他们可以根据自己的喜好选择多样的休闲活动，所以以上几大因素对他们休闲内容的选择影响不大。

三、结论

（一）中国居民休闲活动有限，且较为单调

通过对城镇居民、农村居民和退休人员休闲内容的分析，得出中国居民休闲内容总体上表现为城乡二元结构突出，城镇居民与农村居民休闲内容差异显著，且广大城乡居民的休闲活动较为单调。尤其是农村居民，受休闲观念、休闲时间、农村休闲娱乐设施不足等因素的影响，其休闲活动以居家休闲为主，尚处于休闲意识开始觉醒的阶段。

《国民休闲纲要》的发布，意味着休闲产业开始上升到国家战略层面，意味着休闲开始成为广大城乡居民的一种权利。在不久的将来，伴随着《国民休闲纲要》的逐步实施，带薪休假制度的落实和农村机械化生产的进一步推广，广大城乡居民变被动休闲为主动休闲、变消极休闲为积极休闲的需求将不断扩张，积极休闲将成为广大城乡居民日常生活的重要组成部分。

（二）不同属性人群休闲活动选择呈现出明显的不均衡性

不论是城镇居民、农村居民还是退休人员，他们的休闲活动选择或多或少受到休闲时间长短、性别、年龄、学历、收入、家庭等因素的影响，呈现出较为明显的不均衡性。具体表现为：

对于城镇居民，女性的餐饮购物需求明显高于男性；对于不同年龄段的城镇居民，随着年龄增长，选择旅游和体育健身的居民比例不断增加，而选择餐饮购物的居民比例有所减少；对于不同学历程度的城镇居民，随着文化程度的提高，选择旅游的居民比例有所增加，而选择文化娱乐的居民比例有所减小；对于不同家庭规模的城镇居民，拥有3人及以上家庭成员的居民选择旅游休闲的比重相对较大；对于不同婚姻状况的城镇居民，未婚居民更易选择餐饮购物活动。

对于农村居民，男性居民农闲时参与旅游休闲的比重高于女性；对于不同年龄段的农村居民，随着年龄的增长，居家休闲的居民比重不断增加；对于不同收入水平的农村居民，收入较低的居民多选择居家休闲；对于不同婚姻状况的农村居民，单亲家庭选择居家休闲的比重高于已婚和未婚家庭。

对于退休人员，女性比男性更易选择餐饮购物；学历越高、收入越高的退休人员，其旅游休闲偏好越大。

第五章

中国休闲企业发展研究 2012—2013

一、研究意义

休闲作为一个新的社会文化经济现象正在广泛地影响人的生活方式、行为方式和消费方式。休闲企业作为休闲产品的提供者是休闲业发展中不可或缺的一部分。自20世纪80—90年代开始,国内外休闲企业逐渐进入快速发展阶段,近年来更是取得了突飞猛进的发展,从我国休闲企业上市的时间分布来看,在1991年以前我国共上市休闲类企业45家,1992—1996年间共上市68家,1997—2001年间上市56家,2002—2006年间上市39家,2007—2012年间上市89家。总体来看2007—2012年我国休闲类企业上市的规模增长最多,其原因与我国近五年来经济发展速度有很大关系,这也间接说明休闲企业的发展与社会经济发展水平有很大关系。在经济增长达到较高阶段时,休闲消费将成为推动社会消费力增长的主要因素,从而休闲产业对经济增长的作用将凸显。休闲企业发展速度如此之快,已经逐渐在我国社会经济产业中显现出一定的规模和效应。然而当前对休闲企业的研究还相对较少。新浪、搜狐、京东、携程、优酷、万达广场、百盛、俏江南等一批新兴的休闲企业的发展都亟待系统的研究和分析。而对休闲企业的研究将有利于企业了解整个行业发展的态势以及不同休闲企业发展中存在的问题及发展趋势,从而为现有休闲企业制定发展战略以及更好的发展提供指导。

二、研究框架与数据来源

(一)研究框架

休闲企业按照规模划分可以分为上市类休闲企业和非上市类休闲企业。由于受到数据可获取性的影响,虽然非上市类休闲企业的总规模和作用均在我国休闲产业中占据着主导地位,但由于这些企业规模较小或出于保密需要,往往没有官方统计数据,所以对其规模及效益的分析也无法直接地进行判断。本研究试图通过间接的上市类休闲企业年报的统计数据判断休闲企业总体的发展趋势，从而为非上市类休闲企业发展也提供一定指导。在明确休闲企业内涵、特征、分类的前提下，本研究重点搜集了近年来A股、港股和美股上市的我国休闲类主要企业发展资料。通过综合统计近几年中国休闲企业规模特征、效益特征、分类特征，分析中国休闲企业发展总体状况，进一步总结了中国休闲企业发展中存在的问题。并预测2013年中国休闲企业发展趋势及提出2013年中国休闲企业发展建议。

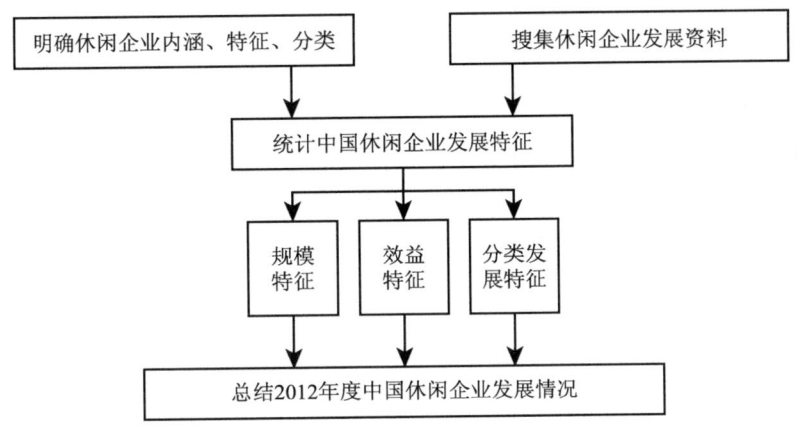

图5-1 中国休闲企业研究框架图

（二）数据来源

休闲类企业在我国目前已经形成了较大的规模，然而由于其中大多数休闲企业，如足浴、保健、健身、餐饮类企业规模较小，经营多以小、散、杂为主，所以难以统计这些部门的数据。介于数据获取难度、数据权威性、可靠性，本研究只选择了在A股市场、港股市场和美股市场上市的休闲类企业作为研究样本。通过对三大股市上市的所有中国企业的主营业务进行分析，筛选出所有主营业务为休闲业的企业，经过筛选，共获取了297家休闲企业。根据休闲企业的主营业务，本研究把休闲企业分为酒店餐饮、休闲购物、网络传媒、休闲娱乐、休闲旅游、休闲综合六个大类。对各企业的数据获取主要包括企业性质、主营业地点、上市地点、营业收入、资产、负债、利润、员工总数、股东数等十个能够集中反映企业发展状况的相关数据。所有数据均来自于各企业的官方网站、新浪财经板块、网易财经板块以及各大财经网站的相关板块。

三、中国休闲类上市企业的总体状况

（一）2012 年中国休闲类上市规模及特征

1. 休闲类上市公司总规模继续呈现增长态势

从我国休闲类上市企业总规模来看，2012 年，我国 297 家休闲类上市公司总营业收入为 12 099 亿元，平均收入达 40.74 亿元，总资产为 19 996 亿元，平均资产为 67.33 亿元。2011 年总营业收入 10 718 亿元，平均营业收入 36.09 亿元，总资产 11245 亿元，平均资产 37.86 亿元。对比 2011 年，2012 年我国休闲类公司的总营业收入增长了 12.88%，总资产增长 77.82%。总体来看，中国休闲类上市公司数量稍有减少，但其总规模无论是在营业收入方面还是在总资产方面均显著提高，尤其是总资产增长较快。

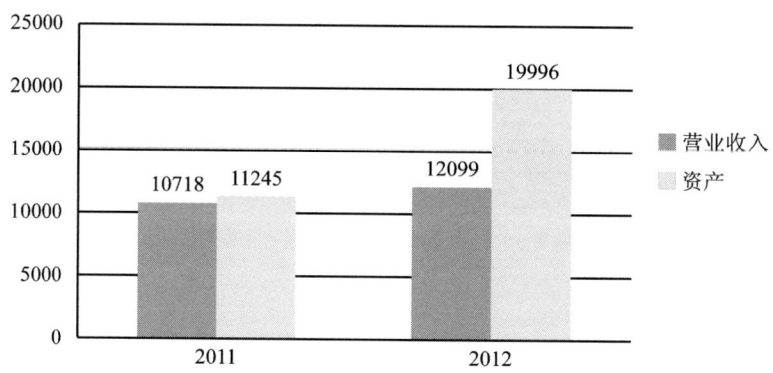

图 5-2　2011 年与 2012 年休闲类上市公司规模对比图

2. 三大股市的休闲企业规模呈现出均衡化上升趋势

（1）美股上市的休闲企业营收增长最快，而港股资产增长最快。

从营业收入来看，其中沪深上市休闲类公司，2012 年总营业收入 5420 亿元，2011 年总营业收入 4973 亿元，增长率为 9.00%；香港上市休闲类公司，2012 年总营业收入 5867 亿元，2011 年总营业收入 5055 亿元，增长率为 16.06%；美股上市休闲类公司，2012 年总营业收入 811 亿元，2011 年总营业收入 690 亿元，增长率为 17.52%。从增长率对比来看，美股上市的休闲公司营业收入增长相对最高，其原因与美股上市的休闲类均是我国当前知名度相对较高的新兴休闲类企业，如携程、百度、网易等企业均在美股上市，而这些企业良好的发展势头带动了美股上市休闲类企业的营业收入增长。

从我国休闲类上市企业总资产来看，沪深股市上市休闲类企业2012年总资产为5888亿元，相对2011年5403亿元的总资产，其增长率为77.82%。而从我国在港股上市的休闲类企业总资产来看，2012年总资产为12 220亿元，相对2011年4426亿元的总资产，其增长率为176.07%。美股上市的休闲公司2012年总资产为1888亿元，相对2011年1416亿元总资产，其增长率为33.38%。总体来看，总资产的增长率方面，港股上市的休闲企业增长率相对最高，沪深股市上市休闲企业次之，而美股上市的休闲类公司增长率相对最低。

（2）港股上市的休闲企业总规模最大。

从三大板块休闲类企业总营业收入对比来看，其中在香港股市上市的休闲类企业总营业收入相对最高，占了我国整体休闲企业营业收入的48.49%，其次是在沪深股市上市的休闲类公司，所占比例为44.81%。其中在美国股市的休闲公司总营业收入相对最小，所占比例仅为6.70%。

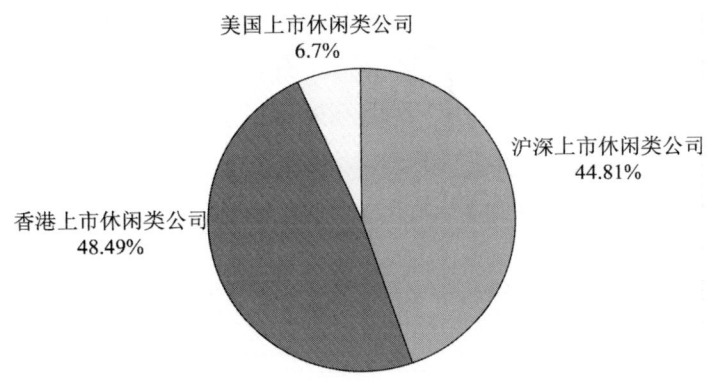

图5-3 沪深、港股、美股总营收对比图

从三大板块休闲类企业总资产对比来看，其中香港股市上市的休闲类企业总资产相对最高，占了我国整体比例的61.11%，其次是沪深股市上市的休闲类公司，所占比例为29.45%。其中美国所占份额相对最小，仅为9.44%。

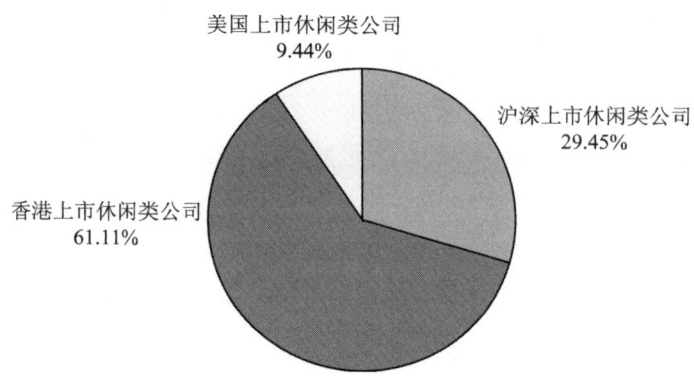

图 5-4 沪深、港股、美股总资产对比图

（3）沪深股市上市的休闲企业平均营业收入最高，而港股的平均资产最高。

从三大板块休闲企业的平均营业收入来看，沪深股市上市的休闲类企业营业收入相对最高，平均每个企业营业收入约为 50.66 亿元；而港股上市的休闲类企业营业收入次之，平均每个企业营业收入约为 37.37 亿元；美股上市的休闲类企业营业收入相对最低，平均每个企业营业收入约为 24.56 亿元。可见我国在沪深股市上市的休闲类平均营业收入最高。这也说明沪深股市上市的休闲企业个体营业规模相对较好。

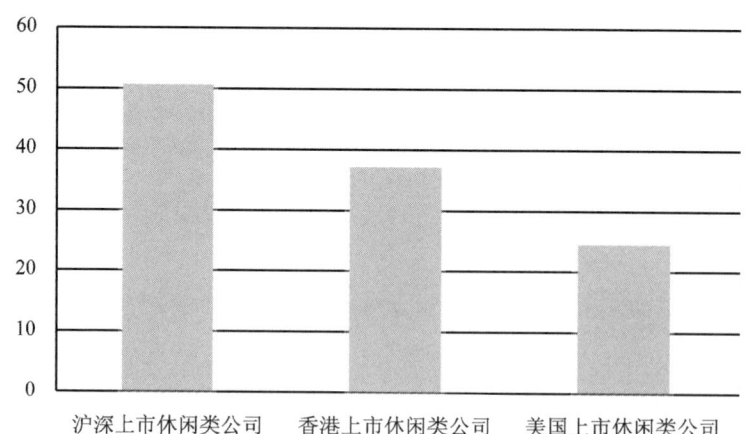

图 5-5 沪深、港股、美股平均营收对比图

从三大板块企业平均资产来看,港股上市的休闲类企业总资产相对最多,平均每个企业总资产约为 77.83 亿元,其中九龙仓集团在 2012 年的总资产数相对最大,为 36900 亿元;美股上市的休闲类企业总资产相对次之,平均每个企业总资产约为 57.23 亿元;沪深股市上市的休闲类企业总资产最低,平均每个企业总资产约为 55.03 亿元人民币;其中中青旅的总资产相对最小,约为 77.78 亿元人民币。

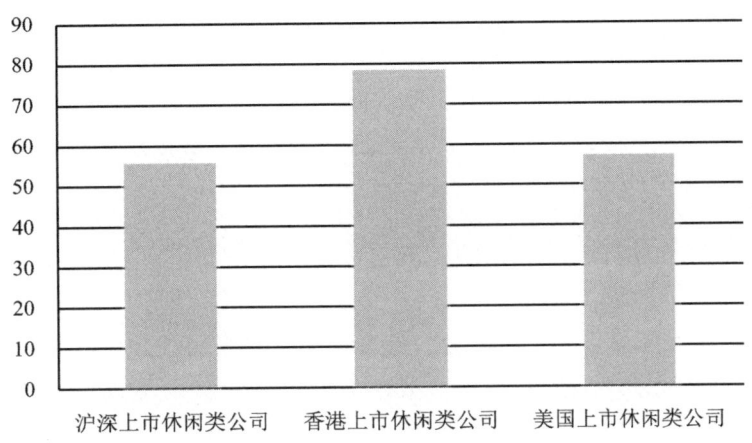

图 5-6 沪深、港股、美股平均资产对比图

3. 东南沿海地区休闲企业规模较大,发展速度较快

(1) 休闲类上市公司主要集中在东部地区。

从中国休闲类上市公司主营地分布来看,我国休闲上市公司表现出明显的地区集中分布特点。总体来看,我国休闲类上市公司主要集中在东部沿海地区,占了总量的 68.57% 左右,其中除了港股上市休闲企业大部分分布于香港外,沪深股市上市的 107 家休闲企业和美股上市的 33 家休闲企业主营业地址多分布于我国东部沿海地区,具体分布来看,主要集中在环渤海、长三角和珠三角三大经济区的主要城市群内,可以看出休闲企业与经济保持着高度的关联,即经济越发的地区休闲类上市公司所占比例也越高。我国中部地区和西部地区占总体休闲类上市公司总量的比例相当,分别为 13.57%、11.43% 左右,其中中部地区,多集中分布于湖北、湖南两省。而西部地区的上市公司多集中于四川、陕西两省。东北地区是我国拥有休闲类上市公司最少的区域,仅为 6.43%,这与东北地区面积较少,所占省份较少有很大关系。从具体分布来看,东北地区休闲类上市公司多集中于辽宁省。

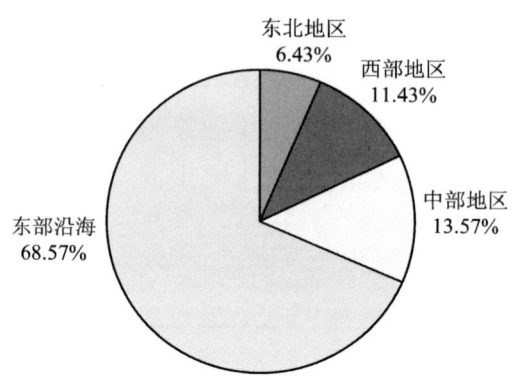

图 5-7　2011 年休闲类上市公司地域分布图

（2）东部地区休闲企业营业收入总量最高，西部地区企业发展速度最快，东北地区企业平均营业收入最高。

从休闲类上市公司 2012 年营业收入的区域分布来看，东部地区营业收入相对最高，占了全国上市公司营业收入的 68.46%；其次是中部地区，占了全国上市公司营业收入的 14.05%；再次是西部地区，占了全国上市公司营业收入的 9.55%；其中东北地区营业收入相对最低，仅占了全国上市公司营业收入的 7.93%。

从四大区域总体营业收入增长速度来看，2012 年东部地区休闲企业总营业收入为 4266 亿元，相对 2011 年总营业收入 3751 亿元增长了 13.73% 左右；2012 年东北地区休闲企业总营业收入为 494 亿元，相对 2011 年的 556 亿元减少了 11.15%；西部地区休闲企业在 2012 年的总营业收入为 595 亿元，相对 2011 年的 490 亿元增长了 21.43% 左右；中部地区休闲企业 2012 年的总营业收入为 875 亿元，相对 2011 年的 722 亿元增长了 21.19% 左右。总体来看，在我国四大区域中，西部地区休闲企业的营业收入总量增长速度相对最快，而东北地区休闲企业的营业收入总量出现了负增长。

从四大区域平均营业收入对比来看，2012 年平均营业收入相对最高的地区为东北地区，平均为 54.93 亿元；其次是中部地区，平均为 46.07 亿元；再次是东部地区，平均为 44.44 亿元；西部地区相对最低，平均为 37.21 亿元。

（3）东部地区休闲企业资产总量和平均资产最高，中部地区企业发展速度最快。

从四大区域上市类休闲企业的总体资产对比来看，2012 年东部地区休闲企业所占总资产相对最高，占了全国上市公司总资产的75.09%；其次是中部地区，占了全国上市公司总资产的12.88%；再次是西部地区，占了全国上市公司总资产的6.11%；东北地区相对最低，占了全国上市公司总资产的5.92%。

从四大区域上市类休闲企业的总体资产增长速度来看，2012年东部地区休闲企业的总资产为5722亿元，相对2011年的5029亿元增长了约为13.78%。东北地区休闲企业2012年的总资产共为451亿元，相对2011年的532亿元减少了15.23%。西部地区休闲企业2012年的总资产为466亿元，相对2011年的410亿元增长了约为13.66%。而中部地区休闲企业在2012年的总资产为982亿元，相对2011年的849亿元增长了约为15.67%。对比来看，四大区域中部地区休闲企业的资产增长相对最快，而东北地区休闲企业的总资产减少较快。

从四大区域上市类休闲企业的平均总资产对比来看，2012年平均总资产相对最高的地区为东部地区，平均为59.61亿元；其次是中部地区，平均为51.67亿元；再次是东北地区，平均为50.11亿元；西部地区相对最低，平均为29.10亿元。

表5-1 2012年休闲企业地域分布规模对比表

	2012年总营收（亿元）	2012年平均营收（亿元）	2011年总营收（亿元）	营收增长率（%）	2012年总资产（亿元）	2012年平均资产（亿元）	2011年总资产（亿元）	资产增长率（%）
东北地区	494	54.93	556	-11.15	451	50.11	532	-15.23
西部地区	595	37.21	490	21.43	466	29.10	410	13.66
中部地区	875	46.07	722	21.19	982	51.67	849	15.67
东部沿海	4266	44.44	3751	13.73	5722	59.61	5029	13.78

由于东部地区自然条件优越、经济发展较早、政策条件优惠、城市化水平高，已经形成了成熟的发展休闲产业的基础；市场方面，东部地区生活节奏快，生活压力大，人们对于休闲的需求相对较高，另外，东部地区经济发达，人民生活水平较高，有经济实力满足自身休闲需求；而西部地区受到自身社会经济文化条件的影响，不管是在休闲供给，还是在休闲需求和休闲消费能力方面都呈现与东部相反的态势。总体来看，无论是在数量方面，还是在营业收入和总

资产方面，中国休闲企业分布均集中在东部沿海地区，尤其是上海、北京、广州等经济中心地带，西部地区、中部地区、东北地区相对都较为落后。而从增长速度来看，与2011年对比，除东北地区出现负增长外，其他地区休闲企业的规模总体都处于增长阶段，其中西部地区、中部地区增长迅猛，东部沿海稍有放缓，在区域方面总体呈现出均衡化发展的趋势。

4. 民营企业正在不断发展壮大

（1）民营企业所占数量明显增强。

从我国休闲类企业所有制来看，民营休闲企业正在逐渐发展壮大，在中国休闲企业中的重要地位日益凸显。总体来看，民营类休闲企业占了全国总量的73.83%，而国有的休闲类企业仅占26.17%。其中，在美国上市的中国休闲企业和在香港上市的休闲企业的所有制绝大部分为民企。沪深股市上市的107家休闲企业中国有企业所占比例相对较大，然而，同2011年相比民营休闲企业数量相对稳定，2012年达79家，国有休闲企业则为28家。

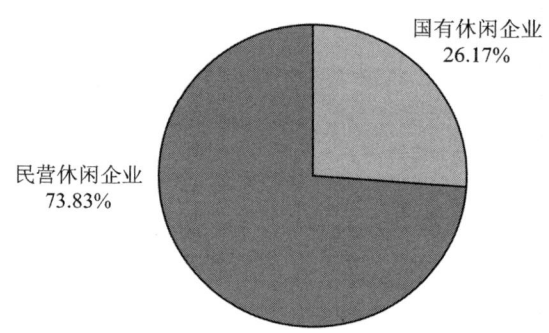

图5-8 2012年休闲类上市公司国有、民营数量对比图

（2）民营类休闲企业营业收入总规模和平均规模均相对较大。

从不同所有制休闲企业的营业收入来看，国有企业2012年总营业收入1320亿元，2011年总营业收入1220亿元；民营企业2012年总营业收入4101亿元，2011年总营业收入3610亿元；可以看出国有企业总营业收入相对民营休闲企业的总营业收入明显较低。而从平均营业收入来看，2012年国有企业的平均营业收入为47.13亿元，民营企业的平均营业收入为51.92亿元，总体来说，民营休闲企业的效益要高于国有休闲企业。

（3）民营类休闲企业资产总规模相对较大，而国有的休闲类企业平均资产规模较高。

从不同所有制休闲企业的总资产对比来看，国有的休闲类企业 2012 年总资产 2098 亿元，2011 年总资产 1990 亿元。民营 2012 年总资产 3790 亿元，2011 年总资产 3414 亿元。从不同所有制休闲企业的平均资产总量对比来看，2012 年国有企业的平均资产为 74.94 亿元，民营企业的平均资产为 47.97 亿元，总体来说，国有休闲企业的总资产要高于民营休闲企业。

表 5 – 2　2012 年休闲企业国有、民营规模对比表

	2012 年总营收（亿元）	2012 年平均营收（亿元）	2011 年总营收（亿元）	增长率（%）	2012 年总资产（亿元）	2012 年平均资产（亿元）	2011 年总资产（亿元）	增长率（%）
国有	1320	47.13	1220	8.20	2098	74.94	1990	5.43
民营	4101	51.92	3610	13.60	3790	47.97	3414	11.01

总体来看，我国上市的休闲企业中，民营企业数量规模远远大于国有企业，约为国有企业的三倍。而从平均营业收入和资产对比来看，民营休闲企业优于国有休闲企业。发展趋势方面，民营休闲企业增长趋势也要明显快于国有休闲企业。所以可以说民营休闲企业未来将成为我国休闲企业的主体。

（二）休闲类上市公司经济效益及特征

1. 休闲类上市公司业绩稳中有升

从我国休闲类上市公司的经济效益来看，2012 年我国休闲类上市公司的总利润为 1791 亿，平均利润 6.03 亿元，与 2011 总利润 1589 亿元、平均利润 5.35 亿元相比，利润增长率为 12.71%，总体呈现出良好的增长态势。负债方面，中国休闲类上市企业的总负债为 8977 亿元，平均负债为 30.22 亿元，总体属于中等偏低水平，这说明我国休闲类上市企业的总体经济效益处于一个良好的运行阶段。

表 5 – 3　2012 年休闲类上市公司收益图

	总利润（亿元）	平均利润（亿元）	利润增长率（%）	总负债（亿元）	平均负债（亿元）
2012 年	1791	6.03	12.71	8977	30.22
2011 年	1589	5.35	—		

2. 三大股市的休闲企业效益呈现出均衡化上升趋势

（1）港股上市企业利润最高，发展最快。

从不同板块的休闲企业效益对比来看，其中在沪深股市上市的休闲类企业2012年实现总利润为420亿元，相对2011年总利润389亿元增长了7.97%；在香港股市上市的休闲类企业2012年实现总利润为1170亿元，相对2011年总利润1011亿元显著增长，增长率约为15.73%。在美国上市的休闲类企业2012年实现总利润201亿元，相对2011年总利润189亿元增长了6.35%。可以看出，三大板块中，在香港上市的休闲企业实现利润相对最高，从发展趋势来看，在香港上市的休闲类企业的发展趋势也相对最好。

表5-4　2012年不同上市地区休闲类公司收益对比图

	2012年总利润（亿元）	2012年平均利润（亿元）	利润同步增长率（%）	2012年总负债（亿元）	2012年平均负债（亿元）
沪深上市休闲公司	420	3.93	7.97	2520	23.55
香港上市休闲公司	1170	7.45	15.73	5840	37.20
美国上市休闲公司	201	6.09	6.35	617	18.70

（2）港股上市企业平均利润最高。

从不同板块的休闲企业平均效益对比来看，香港、美国上市休闲类公司平均利润大于沪深上市休闲类公司。而沪深、美国上市休闲类公司增长速度快于香港上市休闲类公司。区域发展差异、消费习惯差异、企业类型差异是造成收益差距的主要原因。

表5-5　2011—2012年三个股市休闲类公司收益对比

	2012（万元）	2011（万元）	平均增长率（%）
沪深	39044.05	38036.20	2.65
港股	143781.11	132303.55	8.68
美股	89792.76	87909.26	2.14

3. 东南沿海休闲企业经济效益突出

从休闲企业经济效益的区域分布来看，2012年主营业地在内地的休闲企业中，东部沿海地区的休闲企业经济效益相对最好，总利润为498亿元，引领作用突出。其次是中部地区，总利润为63亿元。再次是西部地区，总利润为34亿元。东北地区总利润相对最低，仅为25亿元。

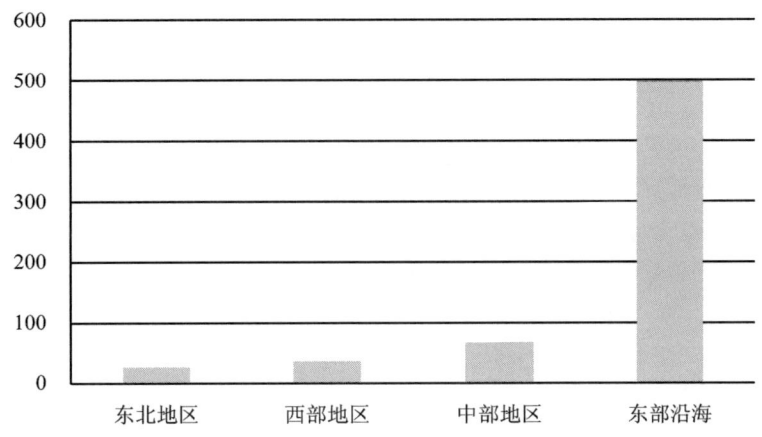

图5-9　2012年度总利润地区分布图

而从平均利润来看，2012年，东部沿海地区平均利润相对最高，为5.19亿元。其次是中部地区，平均利润3.32亿元。再次是东北地区，平均利润为2.78亿元。其中西部地区平均利润也相对最低，仅为2.13亿元。这说明东部地区的休闲类企业发展要优于西部地区。

从利润增长率来看，相对2011年，我国西部地区的休闲类企业经济效益发展势头最好，增长率为36%，其次是东部沿海地区，增长率为5.73%，再次是东北地区，增长率为4.17%。其中中部地区的增长率最低，为3.28%。由此来看，东北地区单个休闲类企业的基础优势虽然优于西部地区，然而其发展势头相对较差，需要进一步完善和提升该地区休闲产业的活力和规模。

从四大区域的负债情况来看，2012年总体负债由高到低依次是东部地区、中部地区、西部地区、东北地区。而从平均负债来看，负债由高到低依次分别是东北地区、中部地区、东部地区、西部地区。其中东北地区虽然规模最小，但其负债较高，这也是影响其利润的一个主要原因。

表 5-6　2012 年休闲企业地域分布收益对比表

	2012 年总利润（亿元）	2012 年平均利润（亿元）	2011 总利润（亿元）	利润增长率（%）	2012 年总负债（亿元）	2012 年平均负债（亿元）
东北地区	25	2.78	24	4.17	226	25.11
西部地区	34	2.13	25	36	277	17.31
中部地区	63	3.32	61	3.28	441	23.21
东部沿海	498	5.19	471	5.73	2192	22.83

4. 三大股市中沪深股市上市的休闲企业总体运营状况最好

从分析来看，本次统计的 297 家休闲类企业中，2012 年运行良好企业达 162 家，占统计企业的 54.55%。其中沪深上市 107 家，运行良好企业 70 家，负增长 37 家，运行良好率达 65.42%；香港上市 157 家，运行良好企业 78 家，负增长 79 家，运行良好率达 49.68%；美国上市 33 家，运行良好企业 14 家，负增长 19 家，运行良好率达 42.42%。运行良好率沪深上市休闲公司最佳，香港上市休闲公司次之，美国上市休闲公司略低。

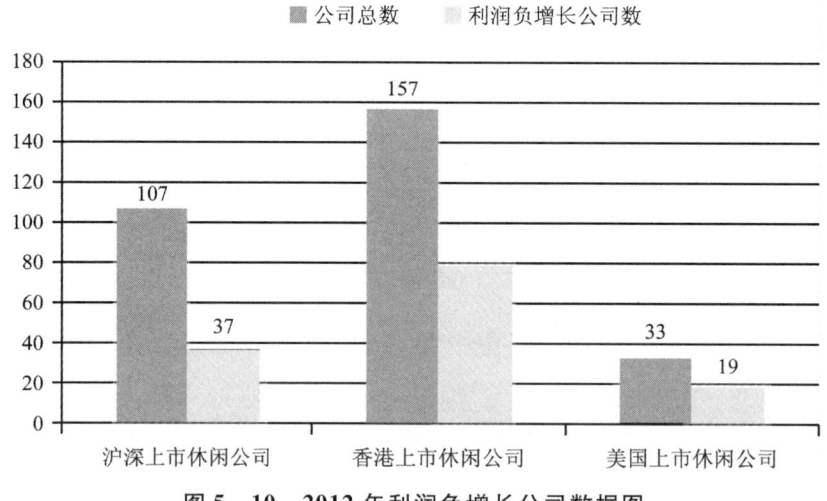

图 5-10　2012 年利润负增长公司数据图

5. 民营休闲企业的经济效益总体较高

而从休闲类企业的所有制对比来看，由于美股和港股上市的休闲类企业年报中缺少企业所有制分配的数据，本研究仅选择在沪深股市上市的休闲类企业所有制进行分析。从分析结果来看,沪深上市休闲公司含 28 家国有企业和 79 家民营企业。2012 年,国有企业总利润为 173 亿元,平均利润为 6.18 亿元,同比增长 13.07%。而民营企业总利润为 247 亿元,平均利润为 3.13 亿元,同比增长为 27.32%。2012 年国有企业总负债为 687 亿元,平均负债为 24.55 亿元;民营企业总负债为 1832 亿元,平均负债为 23.20 亿元。总体来看,国有企业不论是在效益还是在增长速度方面均弱于民营企业。

表 5 - 7　2012 年沪深上市国有、民营休闲企业收益对比图

	2012 总利润（亿元）	2012 年平均利润（亿元）	2011 总利润（亿元）	利润增长率（%）	2012 总负债（亿元）	2011 年平均负债（亿元）
国有	173	6.18	153	13.07	687	24.55
民营	247	3.13	239	27.32	1832	23.20

（三）不同类型休闲类上市公司发展特征

虽然 2012 年中国休闲企业已达到一定规模且效益良好,但不同类型的休闲企业之间存在着巨大差异。为了更深入地分析休闲类企业发展的情况,本研究分别对不同类型的休闲企业规模及经济效益进行了深入研究。

1. 购物类企业是当前上市类休闲企业的最主要组成部分

（1）休闲购物类企业数量规模较大。

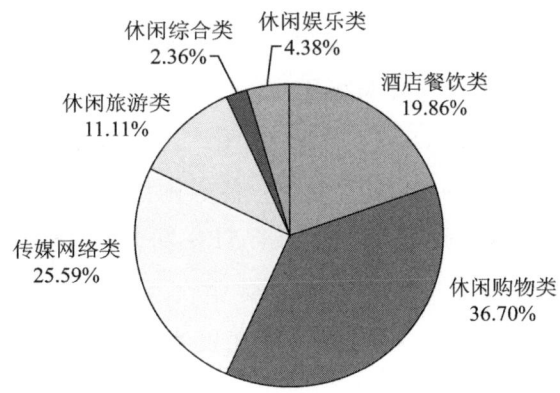

图 5 - 11　2012 年中国休闲上市公司分行业数量构成图

2012 年中国休闲类企业上市公司总数为 297 家,其中休闲购物类企业数量为 109 家,占总体比例最高,达 36.70%。其次是传媒网络类企业,有 76 家,

占休闲企业总量的25.59%。酒店餐饮类、休闲旅游类、休闲娱乐类企业分别有59、33和13家,分别占休闲企业总量的19.86%、11.11%和4.38%。休闲综合类企业数量最少,仅占2.36%。总体来看,休闲购物类企业规模相对最大,这也表明休闲购物目前还是我国居民休闲的主要方向。但休闲购物类企业的规模大主要源于数量众多,单一企业的平均资产、平均负债、平均营业收入和平均利润分别为65.30亿元、35.74亿元、66.32亿元和4.21亿元,和其他类型比较均无突出优势。

(2)休闲购物类企业经济规模最大,休闲综合类企业营收增速最快,休闲娱乐类企业平均营收最高。

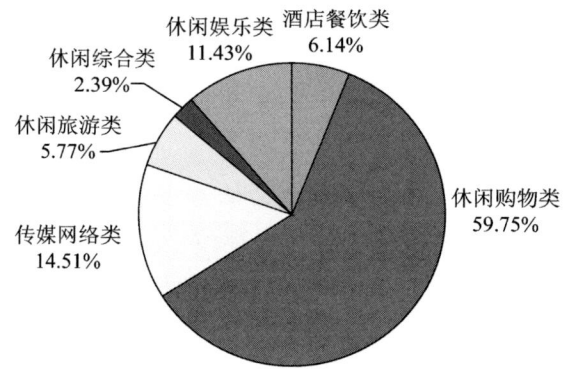

图5-12　2012年中国休闲上市公司分行业营业收入构成图

从营业收入来看,2012年中国休闲企业的营业总收入高达12099亿元,但各类型的休闲企业的营业收入分布极不平衡。由于企业数量最多,2012年,休闲购物类企业的营业收入总额为7229亿元,占了所有休闲企业营业收入的59.75%,远远超过其他类型的休闲企业。传媒网络类、休闲娱乐类的休闲企业的营业收入所占比例相对较小,分别为14.51%和11.43%,而休闲综合类企业的营业收入最低,为290亿元,仅占了总营业收入的2.39%。

从不同类型休闲企业的营业收入发展速度来看,较2011年,2012年休闲企业中,休闲综合类企业的增长速度最快,增长率达到27.80%。传媒网络类和酒店餐饮类企业发展速度也较快,分别为24.64%和23.22%。而休闲购物类企业的增长速度最慢,仅为9.00%。

从不同类型休闲企业的平均营业收入对比来看,2012年休闲娱乐类企业的平均营业收入居各类别平均值的第一位，达 106.38 亿元，是平均营业收入最低的酒店餐饮类的 8 倍，是平均营业收入较低的休闲旅游类企业的 5 倍。休闲购物类的平均营业收入处于第二位，为 66.32 亿元。休闲综合类和传媒网络类营业能力处于中间位置，平均营业收入分别为 41.43 亿元和 23.09 亿元。

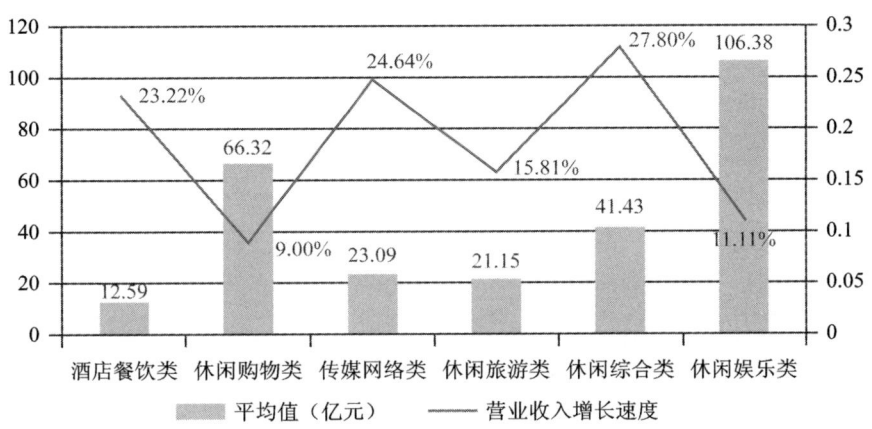

图 5-13 中国休闲上市公司分行业营业收入增速与均值图

（3）休闲购物类企业资产规模最大，休闲旅游类企业资产增速最快，休闲综合类企业平均资产最大。

从企业资产总数来看，休闲购物类企业的资产总量最大，为 7118 亿元，占了休闲企业总资产的 35.60%。其次由大到小分别是酒店餐饮类、传媒网络类和休闲综合类，其中，休闲旅游类、休闲娱乐类企业的资产总数所占的比例相对最低，仅为 7.70% 和 6.26%。

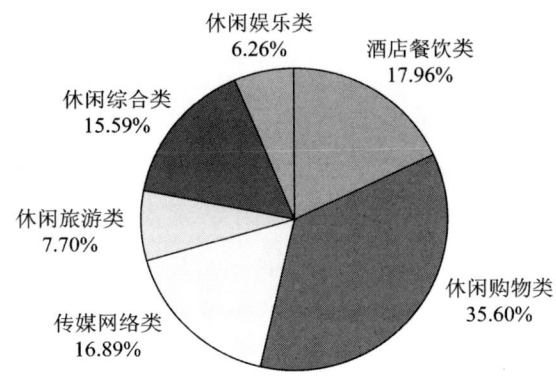

图 5-14 2012 年中国休闲上市公司分行业资产构成图

从不同类型休闲企业资产总数的发展趋势来看,2012年休闲旅游类企业的资产增加速度最快,为319.5%,这反映了近年来休闲旅游类连锁扩张势头强劲的局面。传媒网络和休闲购物类企业的资本增长速度也较高,均超过100%,得益于其营业收入的迅速增长,酒店餐饮类、休闲综合类和休闲娱乐类企业资产增长速度均在18%~26%之间,相差不大。

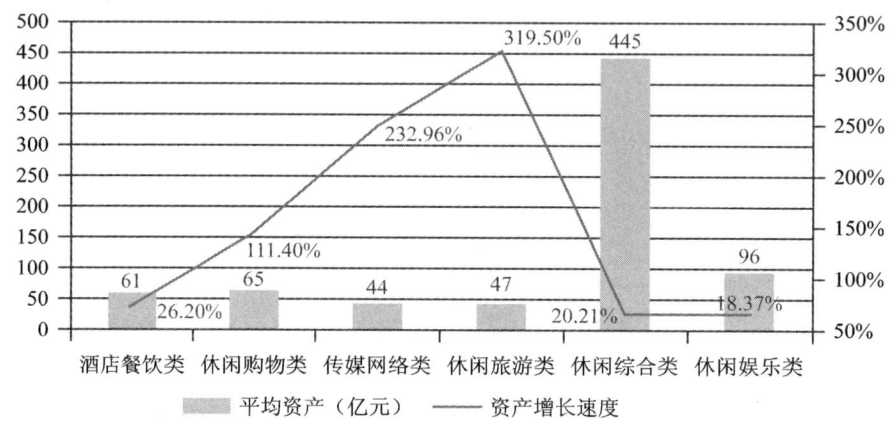

图5-15 中国休闲上市公司分行业资产增速与均值图

从不同类型休闲企业的平均资产来看,由于发展多种经营,休闲综合类的平均资产远远高于其他五类企业,为445亿元,是资产最少的传媒网络类企业的10倍多,是平均资产在各行业中处于第二位的休闲娱乐类企业的4.6倍多。此外,休闲旅游类、传媒网络类企业的平均资产都不大,分别为47亿元、44亿元。

(4)休闲购物类企业利润最高。

从休闲企业的销售利润来看,2012年休闲购物类企业的利润最高,达到458.95亿元,其对于休闲企业的利润贡献最大,占了总利润的28.87%。其次是休闲综合类企业的利润相对较高,达到393.89亿元,对休闲类企业总体利润贡献率为24.78%;而休闲旅游类和休闲娱乐类的利润相对最低,分别为121.65亿元、176.35亿元,对休闲企业总利润贡献率分别为7.65%和11.09%。

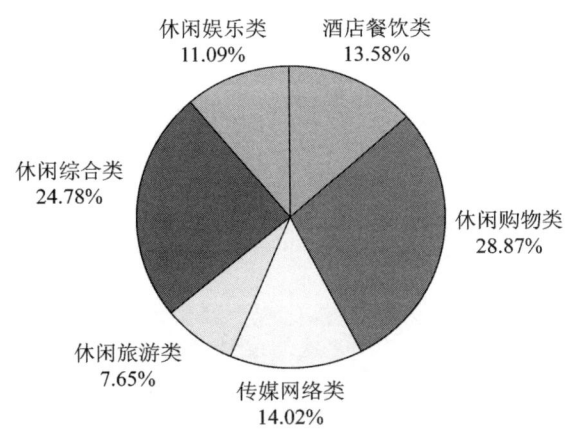

图 5-16　2012 年中国休闲上市公司分行业利润构成图

从不同类型休闲企业销售利润的发展趋势来看，2012 年休闲综合类企业利润增长速度最快，高达 56.99%。休闲娱乐类和休闲旅游类企业作为朝阳产业，其利润增长速度也较快，分别为 29.92% 和 11.24%。而传媒网络类、酒店餐饮类和休闲购物类等休闲企业都出现了负增长，分别为 -39.24%、-22.95% 和 -0.54%。

从不同类型休闲企业的平均利润来看，平均利润在各企业中最高的是休闲综合类企业，其平均利润最高为 56.27 亿元。休闲娱乐类企业的平均利润为 13.57 亿元，处于第二位。其他四类休闲上市企业的平均利润收入之间的差距并不大，都处在 2~5 亿元之间，其中传媒网络类的平均利润最低，为 2.93 亿元。

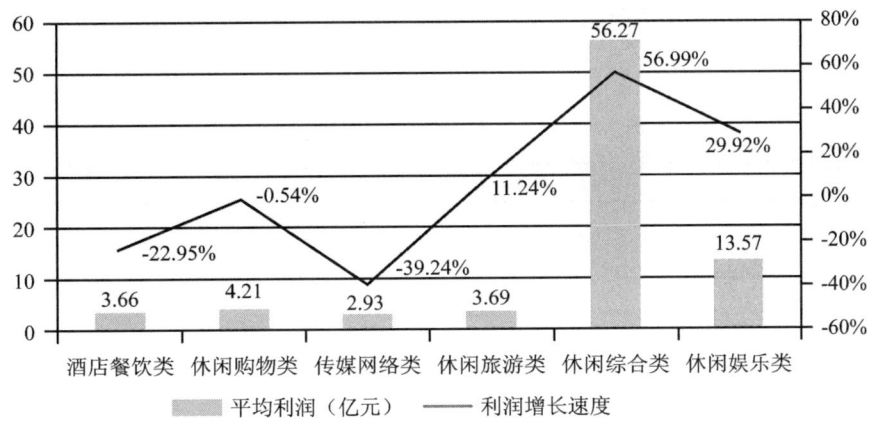

图 5-17　中国休闲上市公司分行业利润增速与均值图

从负债情况来看，休闲购物类企业的负债最多，比例最大，占总体的46.60%。酒店餐饮类企业和休闲综合类企业的总体负债情况略低，分别占了总体的15.47%和12.26%。其他三类的总体负债情况差别较小，都在10%左右。

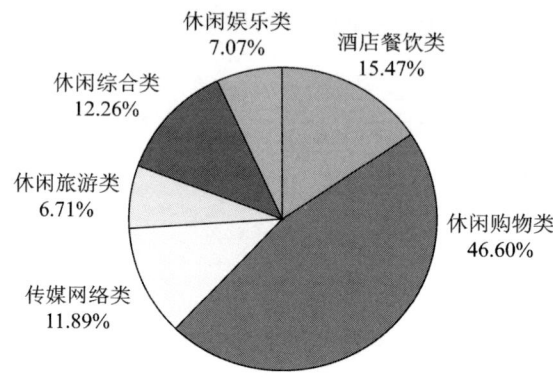

图 5-18　2012 年中国休闲上市公司分行业负债构成图

从不同类型休闲企业的平均负债来看，2012 年平均资产最高的休闲综合类企业平均负债也最高，为 146.44 亿元。休闲娱乐类企业和休闲购物类的平均负债相对较高，分别为 45.47 亿元和 35.74 亿元。酒店餐饮类和休闲旅游类的负债相对较低，分别为 21.92 亿元和 16.99 亿元。而传媒网络类企业平均负债最小，为 13.08 亿元。

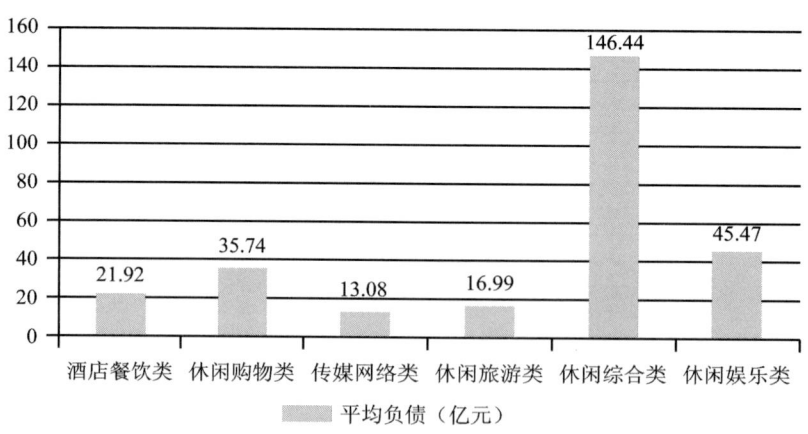

图 5-19　2012 年中国休闲上市公司分行业负债均值图

(5) 所有制。

2012年休闲企业中，民营企业不断壮大。从内地深交所和沪交所的休闲类上市公司数据来看，2012年休闲购物类企业数目最多，民营企业的数目也最多，为48家，民营率达到90.57%，居于各类企业之首。休闲旅游类企业的民营率次之，为63.16%，全年共有民营企业12家。传媒网络类企业吸引的民间资本也较多，在25家上市公司中，共有民营企业15家，民营率达到60.00%。休闲综合类企业数量较少，仅两家，但民营企业占了半壁江山。酒店餐饮类的上市公司中，民间资本的比重较少，民营企业为3家，民营率为37.50%。

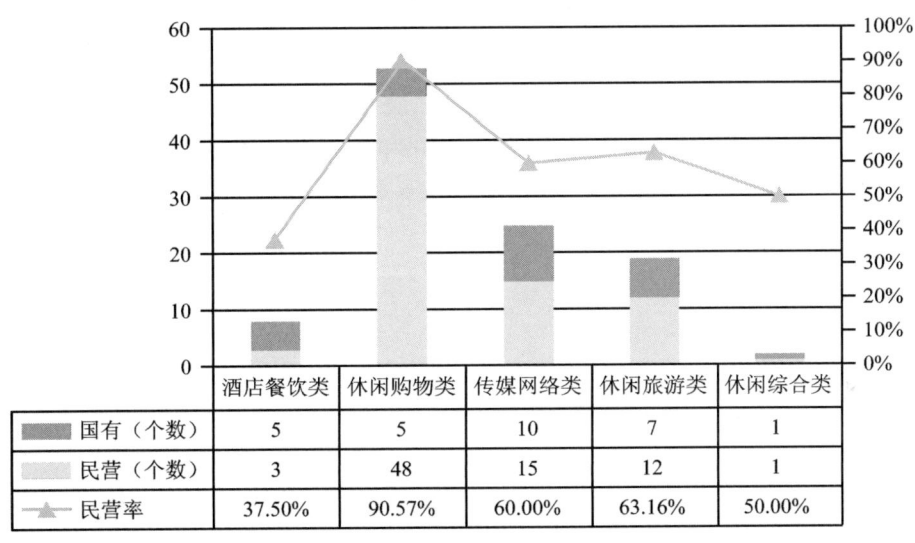

图5-20 2012年中国休闲上市公司分行业所有制构成图

(6) 区域分布。

2012年休闲类上市公司呈现出地区分布不均衡的状态，且不同类别的公司其地区分布均衡状况不一致。总体来看，各类公司均呈现出东部沿海分布多、中、西、东北地区分布少的格局，且分布集中度指数均在50%以上，分布不均衡状况严重。具体来看，休闲综合类企业的不均衡状况最严重，所有上市公司均分布在东部沿海地区。酒店餐饮类企业的地区分布集中度为77.06%，仅次于休闲综合类企业，该类企业在东部沿海、中部、西部和东北地区的公司比例分别为75.00%、12.50%、12.50%和0.00%。传媒网络类上市公司在各地区的分布情况是，在东部地区的企业占60.00%，中部占32.00%，西部0.00%，东北地区占8.00%,其区域分布集中度为68.47%。休闲购物类由于和日常生活联系更密切,其分布相对均匀,集中度为63.22%。而休闲旅游类的集中度最低,为59.31%,在各个地区均有分布。

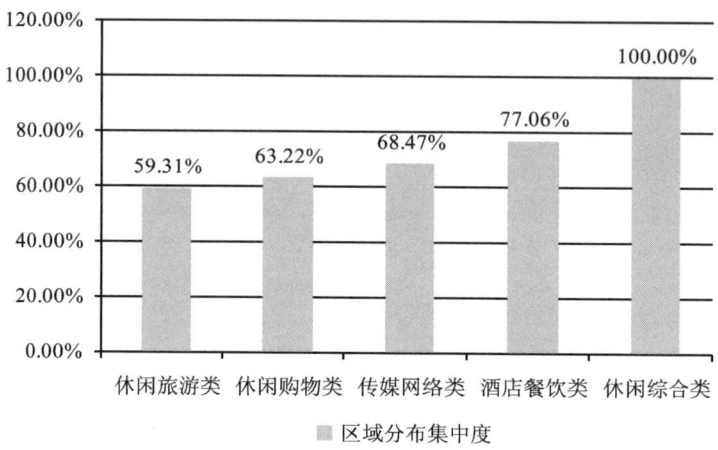

图5-21 中国休闲上市公司分行业区域分布集中度指数

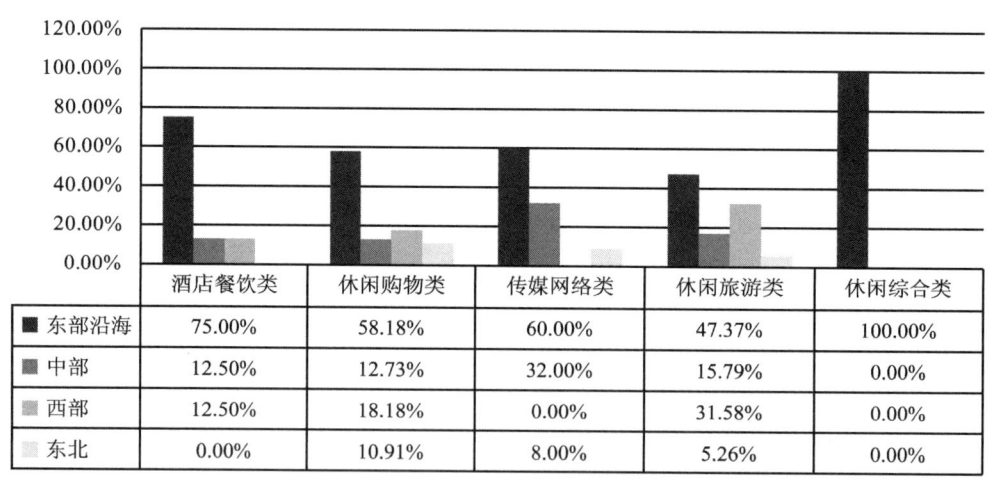

图5-22 中国休闲上市公司分行业区域分布图

2. 各类休闲企业总体保持稳固平稳发展趋势

休闲综合类企业的平均资产最大，为445亿元，是平均资产最小的网络传媒类企业的近10倍；而平均经营利润最高的休闲综合类是最少的休闲传媒网络类的11倍；平均规模和数量的差异导致了不同行业总体规模的巨大差异。

（1）酒店餐饮类企业发展情况。

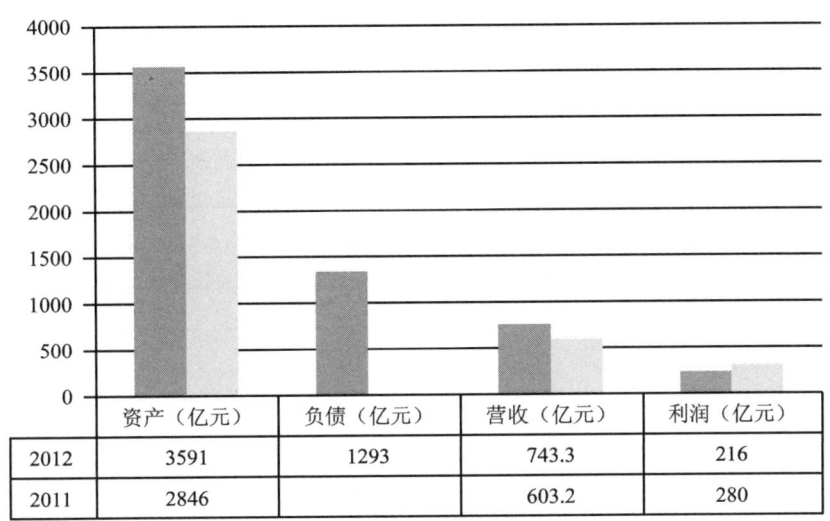

图5-23　2012、2011年酒店餐饮类上市公司基本财务数据对比图

2012年中国已经上市的酒店餐饮类企业共有59家，包括内地上市公司8家，香港上市公司47家，美股上市公司4家。酒店餐饮类上市公司2012年的总资产为3591亿元，平均每家资产总额为28.46亿元，总体较2011年增长26.20%。2012年酒店餐饮类企业的负债为1293亿元，资本负债率为36.01%。全年获得营业收入743.3亿元，较上一年增长23.22%，平均营业收入为12.60亿元。全年获得利润为216亿元，平均利润为3.66亿元，比2011年减少22.95%。2012年酒店餐饮类上市公司中，效益居于前五名的分别是英皇国际、合和实业有限公司、海港企业、丽新发展有限公司和世纪城市国际。

（2）休闲购物类企业发展情况。

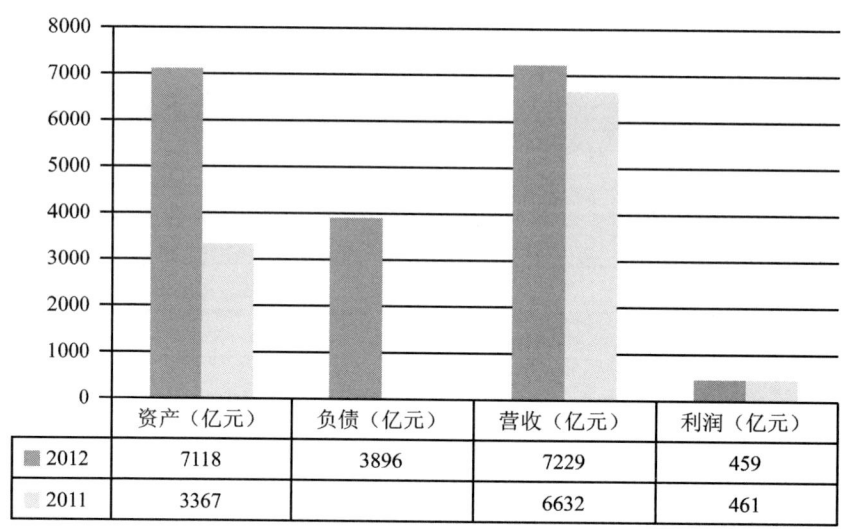

图5-24　2012、2011年休闲购物类上市公司基本财务数据对比图

2012年休闲购物类企业的上市公司数量在所有类别的休闲企业中最多，为109家，占总体比例为36.70%。其中在境内上市的休闲购物类企业有53家，在香港上市的休闲购物类企业51家，在美国上市的企业有5家。这109家上市公司2012年共拥有资产7118亿元，比上年增长111.40%，平均每家公司的资产为65.30亿元，略低于所有休闲上市公司的平均资产。2012年休闲购物类企业的负债为3896亿元，资产负债率为54.73%，相对各类型总体资产负债率最高。由于数量大，休闲购物类2012年的营业收入和利润总额在休闲企业中处于首位，分别7229亿元和459亿元，营业收入较上一年增长了9%，而利润总额较上一年减少了0.54%。平均每家企业的营业收入和利润为66.32亿元和4.21亿元，前者为后者的16倍，说明企业的营业收入无法有效转化为利润，流失严重，经营有待提高。如中国国贸股份有限公司，2012年的营业收入为198亿元，其中利润为51.19亿元，仅占营业收入的25.85%，限制了企业的高效。2012年休闲购物类上市公司中，效益居于前五名的分别是华润创业有限公司、上海友谊集团股份有限公司、利福国际、青岛啤酒和大商股份有限公司。

（3）传媒网络类企业发展情况。

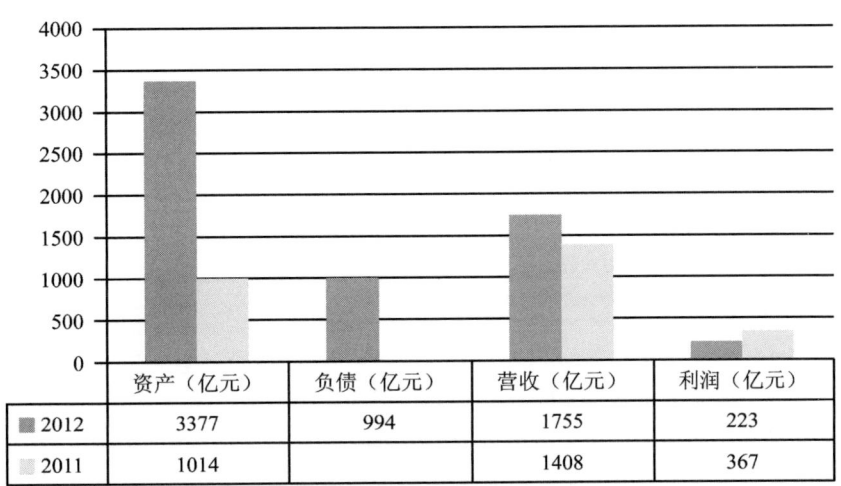

图 5-25　2012、2011 年传媒网络类上市公司基本财务数据对比图

传媒网络类的上市公司数量仅次于休闲购物类，共有 76 家，含内地上市公司 25 家，香港上市公司 29 家和美国上市公司 22 家。2012 年传媒网络类上市公司获得总资产 3377 亿元，较 2011 年增长 233.01%。传媒网络类平均资产在所有休闲公司中最少，仅为 44.43 亿元。传媒网络类公司 2011 年的负债也较低，为 994 亿元，资产负债率为 29.43%，远低于所有上市的休闲公司的平均水平。2012 年，传媒网络类公司平均营业收入为 23.09 亿元，全年共获得营业收入 1755 亿元，比前一年增长 24.64%，是仅次于休闲旅游类的营业收入增长比率最高的休闲类别。其中，文化中国传播的营业收增长比率最高，2012 年的营业收入较上一年增长了 252.51%。传媒网络类休闲企业的利润为 223 亿元，较上一年减少 39.24%，平均每家公司的盈利为 2.93 亿元。2012 年传媒网络类上市公司中，效益居于前五名的企业分别是腾讯控股有限公司、百度、网易、分众传媒控股有限公司和巨人网络有限公司。

（4）休闲娱乐类企业发展情况。

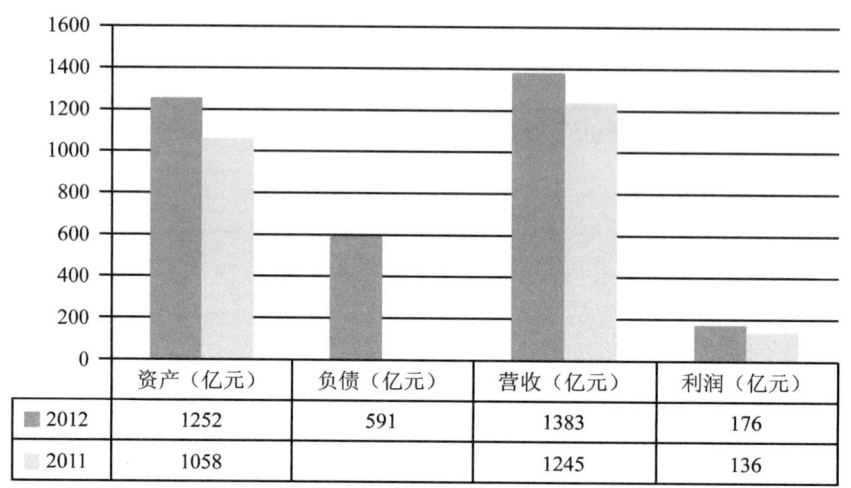

图5-26 2012、2011年休闲娱乐类上市公司基本财务数据对比图

休闲娱乐类公司数量较少，仅有13家，都在香港上市。因为数量较少，休闲娱乐类公司的总规模最小，2012年的总资产为1252亿元，较上一年增长18.37%。虽然总体规模较小，但个体公司的规模很大，每家公司的平均资产为96.33亿元，在所有休闲企业的个体公司平均资产中居于第二位。2012年休闲娱乐类的负债为591亿元，资产负债率为47.20%。受公司数量的限制，2012年休闲娱乐类企业的总营业收入和利润并不高，分别为1383亿元和176亿元。休闲娱乐类企业的营业收入和利润的增长率分别为11.11%和29.92%。休闲娱乐类公司的赢利能力也在所有休闲企业中属于中等水平，其平均营业收入为12.45亿元，其平均利润为13.57亿元，位居第二。2012年休闲娱乐类上市公司中效益居于前五名的分别是银河娱乐集团有限公司、澳博控股集团、永利澳门酒店、御泰中彩控股有限公司和海王集团。

（5）休闲旅游类企业发展情况。

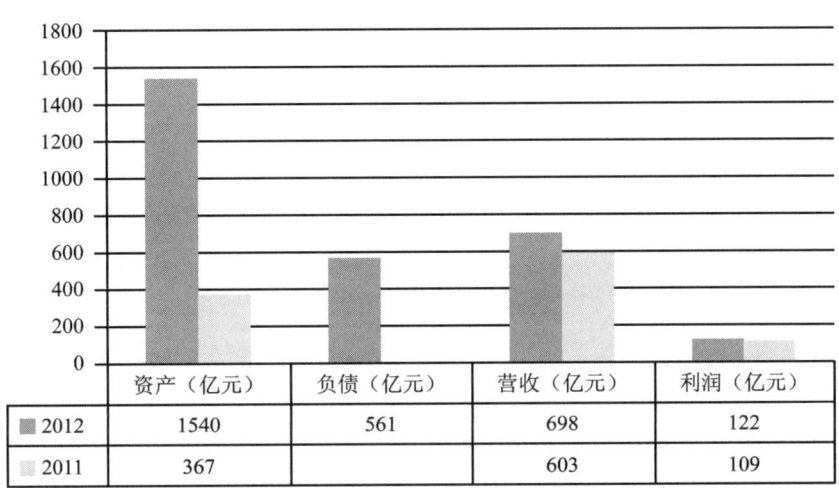

图 5-27　2012、2011 年休闲旅游类上市公司基本财务数据对比图

2012 年上市的休闲旅游类公司共有 33 家，其中含在内地上市的公司 19 家，在香港上市的公司 12 家，在美国上市的公司 2 家。休闲旅游类公司 2012 年共拥有总资产 1540 亿元，比 2011 年增长 319.50%，每家公司的平均资产为 46.68 亿元；总负债为 561 亿元，平均负债为 16.99 亿元，资产负债率为 36.43%。休闲旅游类上市公司 2012 年全年营业收入为 698 亿元，较上年增长 15.81%，其中平均每家企业营业收入为 21.16 亿元。2012 年全年的利润仅为 122 亿元，较上年增长 11.24%，平均每家公司的利润为 3.69 亿元。2012 年休闲旅游类上市公司中效益居于前五名的分别是华侨城集团、中国国旅、金沙中国有限公司、携程网和香港中旅。

（6）休闲综合类企业发展情况。

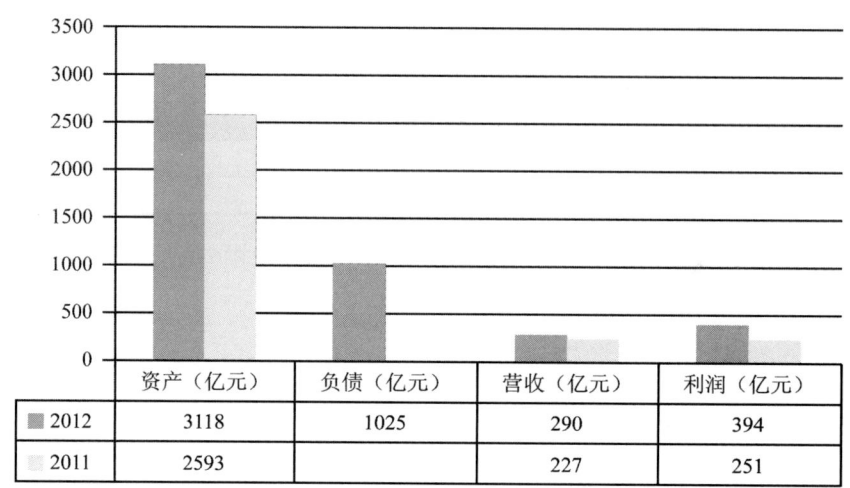

图5-28 2012、2011年休闲综合类上市公司基本财务数据对比图

相对其他休闲类企业，休闲综合类企业数量最少，仅有7家，其中包括在内地上市的2家和在香港上市的企业5家。从该类休闲企业的规模来看，2012年综合类企业的资产总额为3118亿元，比2011年增长了20.21%。综合类企业的平均资产最大，为445.36亿元，是平均资产最小的传媒网络类企业的10倍。2012年的全年负债为1025亿元，资产负债比为32.87%；从该类休闲企业的经济效益来看，全年获得营业收入290亿元，较上一年增速最快，为27.80%，全年获得利润为394亿元，较上一年增速最快，为56.99%。每家公司的平均营业收入和利润分别为41.37亿元和56.27亿元。2012年休闲综合类上市公司中效益居于前五名的分别是九龙仓集团、东方明珠集团、中国星集团、盛名国际控股有限公司和海南大东海旅游中心股份有限公司。

四、非上市休闲企业的发展状况

除了上市类休闲企业之外，我国还存在大量的非上市类休闲企业。这些企业包括音乐厅、电影院、剧院、运动场、游戏厅、娱乐厅、酒吧、温泉城、水吧、足浴城、KTV、棋牌室、餐馆等，其特点是企业规模较小、客源群体有限、地域特征明显。然而，也应看到，在我国当前休闲产业发展的阶段，这些非上市的休闲企业并非不重要，其恰恰是我国休闲产业运营的主体，无论数量还是产业总量均占据着绝对的优势。这些企业也可以说是标准的休闲企业，只是由于企业形态的限制，目前规模均相对较小，无法成为上市公司。

我国当前有一些有口皆碑的非上市休闲企业，虽然企业规模相对上市企业较小，但由于这些企业经营的业务相对专一，所以其发展势头及发展规模也均相对明显，以下将对当前较为典型的非上市类企业进行分析。

（一）酒店餐饮类休闲企业

1. 东来顺集团

东来顺集团是中国知名清真连锁餐饮服务和多元化产品服务供应商，致力于"传承、精典、健康、品质"的美食经营理念，让来店里品尝东来顺的顾客在更适合的就餐环境中吃到符合其消费需求的菜品；让到商超的顾客能将东来顺更丰富实惠的特色产品带到家庭餐桌，让更多的消费者能品尝到东来顺的美食。

东来顺集团目前下设东来顺餐饮直营、东来顺清真食品、东来顺特许加盟、东来顺肉业加工等业务板块，拥有东来顺餐饮直营门店 23 家，覆盖北京、武汉、杭州、银川、哈尔滨、青岛等六个城市，初步形成了以北京、武汉为依托的北南直营区域发展格局。餐饮特许加盟业务保持着全国 130 家左右的门店数量规模，地区分布较为均衡，覆盖到 23 个省市自治区。东来顺清真食品业务板块以自有品牌冷速冻定型包装产品为主产品，面向零售商超为主渠道，近几年也取得了突飞猛进的发展，目前拥有 20 余家经销商，覆盖华东、华北、华中、华南等五大区域，开发了 130 家超市的 4000 家网点的渠道销售网络。经营品种包括牛羊肉系列、调料系列、面点系列等多达 260 种产品，诸多品牌的产品与服务组合，拓展了东来顺集团规模化、多元化的市场发展空间，也为更多消费者所熟知。同时，东来顺集团利用二十多年连锁特许经营资源和企业品牌资源，进行过业务整合和收购，完善资源配置体系、管理架构和运行机制，持续提升企业竞争力。

东来顺的历史可以追溯到 1903 年，是中华老字号中为数不多的历史悠久且经营业绩稳定、发展有序的餐饮企业。2003 年，东来顺成立集团公司；2005 年东来顺集团与首旅集团重组，"东来顺"被列入首旅十大品牌，几年来得到长足发展。目前，东来顺集团整体年收入规模可达近三亿元。东来顺集团在品牌方面荣获了"中华老字号"、"中国驰名商标"以及"国家级非物质文化遗产"项目等国家级荣誉称号；在经营管理方面，荣获了"中国特许经营连锁百强"、"清真餐饮企业优秀管理奖"、"年度中国餐饮百强企业"等大小殊荣百余项。在2008年北京奥运会、2010年广州亚运会以及历年两会等重大活动中，东来顺均以不同方式承担服务接待任务。

我们将秉承"精诚所至，以客为贵；业精于勤，以德为先；励精更始，以人为本"的企业信条，以"布局多元化多业态的业务领域，扩大点面结合的终端市场占有率，形成稳步健康的盈利模式"为目标的硬实力建设和以"具有标准化的管控力、具有代表性的企业影响力、具有社会责任的公信力、具有文化内涵的感召力"的软实力建设相结合的发展思路，体现社会、企业、员工三者价值的统一。

2. 布丁酒店

布丁连锁酒店是中国第一家时尚、新概念酒店连锁，酒店致力于为顾客创造快乐、自由、时尚的休息体验。酒店以时尚、自助乐活、文化交流为客房设计宗旨，兼顾时尚、温馨、个性和环保并重，为年轻白领、商务人士和个性化的人群提供时尚、环保、简洁、张扬个性的客房，入住率全年保持在95%以上。

全国各地众多加盟商也积极加盟，为不断满足客户的需求，布丁酒店在2010年陆续在中国推出更多家绿色酒店。布丁连锁酒店日前宣布，又一家经济型连锁酒店获得融资，获得富达投资（Fidelity ventures）、君联资本（原联想投资）、KTB、摩根凯瑞资本（Morgan Creek）、建信资本等在内的五家投资机构5.6亿美元注资。此番是布丁酒店第二次融资，融资将用于今后扩张和系统建设等。业内人士分析认为，自2010年开始，酒店行业投资热已开始慢慢退去，投资机构纷纷降低了对酒店业利润的预期，开始大范围缩减在该行业的投资，布丁连锁酒店的这次融资，或将一改行业资本寒冬的现状。如今，布丁连锁酒店在北京、上海、天津、杭州、武汉、西安等26个城市拥有近200家门店。

布丁酒店还通过绿色营销理念，引领中国绿色酒店的最新潮流，致力于成为中国绿色酒店最佳代表，为酒店行业树立全新的绿色标杆。

（二）休闲娱乐类休闲企业

如娱乐类企业中的钱柜KTV，自1989年创立以来，成为两岸KTV娱乐市场第一领导品牌，所秉持的不但是硬设备的研发与创新、软件服务的诚挚与精致，更是娱乐生活形态的前瞻风范。到目前为止，钱柜在中国大陆总计已经开了18家门市,钱柜企业以科技、娱乐、人性化元素,融入聚会需求、欢唱事业与顶级休闲场域,成为21世纪休闲流行趋势,创造出"Party World"的精神展现。

1985年以录像带租赁为其创业初始;随着环境开放与消费趋势的冲击转变,且在坚持"不断迎合顾客需求"的经营理念之下,以稳健殷实的脚步迈入MTV视听领域,四年后,更正式将卡拉OK与MTV重新结合,赋予"PARTY-WORLD"一个崭新的面貌,同时,并以企业化的经营手法与长期投资的观点,于1989年3月正式成立"钱柜企业股份有限公司"。经营机动性强、高度积极的创业精神,是钱柜的主要特征。企业不断地在经营策略上创新求变,而永远不变的宗旨,就在能提供令顾客满意的服务,如推出套房式的包厢,以服务更广大的消费群便是一例。秉持着"扎根台湾、关怀明天"的精神,持续在服务质量与公共安全上做更为深入的加强。

钱柜,是一个以量贩式经营为主要经营方式的高层次、健康休闲的全国连锁性质的娱乐场所,不同于一般的歌厅、舞厅,产品以包厢、酒水饮料及餐点为主。钱柜从80年代初在台湾盛行以来,已成为这一行业的第一品牌,同时也是KTV这一行业的最强品牌。到目前为止,已在台湾开店二十余家。从1994年起陆续在上海、北京、广州、西安、武汉、长沙、杭州以及深圳等地开设分店十余家。近期的目标是三年之内在全国再开二十余家,而自2007年至今,钱柜KTV在广东省东莞市再增开了十余家分店。钱柜最初经营的时候并不是KTV,而是一家光盘专卖店,当然那时也不叫钱柜。这家光盘专卖店的老板——周英,本来也只是在路边摆摊卖光盘的小贩。他有了一些资本后就经营了一家光盘专卖店。在经营的过程中他发现所售卖的光盘不能给顾客以直观的欣赏,于是便在自己的店里设置了一间简易的包厢供顾客免费试听、试唱。后来他发现这种包厢很受欢迎,于是又扩大店体面积,加置包厢,在包厢的装修方面更加细致和人性化。但从此到他这家店来试听、试唱歌曲的顾客越来越多,而真正买光盘的寥寥无几。于是周英便将光盘专卖店转型为KTV,即卡拉OK TV(KALA OK TV)简称,钱柜这一品牌也由此诞生(钱柜此名是根据当时台湾流行歌曲排行榜榜名而起),KTV这一新型的娱乐行业也由此在中国应运而生。此外,还延伸到了其他行业,如钱柜啤酒、饮料等,其品牌价值已体现出高档品牌的趋向。

（三）休闲购物类企业

如京东商城，自2004年初涉足电子商务领域以来，专注于该领域的长足发展，先后组建了上海及广州全资子公司，富有战略远见地将华北、华东和华南三点连成一线，使全国大部分地区都覆盖在京东商城的物流配送网络之下；同时不断加强和充实公司的技术实力，改进并完善售后服务、物流配送及市场推广等各方面的软、硬件设施和服务条件。根据战略规划，京东商城将组建以北京、上海、广州和成都为中心的四大物流平台，以期能为全国用户提供更加快捷的配送服务，进一步深化和拓展公司的业务空间。京东商城拥有遍及全国超过1亿注册用户，近万家供应商，在线销售家电、数码通信、电脑、家居百货、服装服饰、母婴、图书、食品等12大类数万个品牌百万种优质商品，日订单处理量超过50万单，网站日均PV超过1亿。截至2012年12月底，中国网络零售市场交易规模达13205亿元，同比增长64.7%。国内最大的两家电商公司，阿里巴巴和京东商城，阿里巴巴2012年交易额增长超100%，京东商城则接近200%。相较于同类电子商务网站，京东商城拥有更为丰富的商品种类，并凭借更具竞争力的价格和逐渐完善的物流配送体系等各项优势，赢得市场占有率，多年稳居行业首位的骄人成绩。

总体来看，绝大多数休闲企业并未上市，但这些企业却是标准的休闲服务客体，而且呈现出精细化、标准化和人性化的发展，企业品牌形象的作用不断凸显，综合性的休闲集团企业不断涌现，新的休闲运营模式在这些企业中不断涌现。另外，从服务对象来看，非上市休闲企业更加专注于为居民提供休闲活动，所以这些企业也是休闲企业不可或缺的组成部分。

（四）旅游类企业

1. 上海春秋国际旅行社（集团）有限公司

上海春秋国际旅行社有限公司（简称春秋国旅）由王正华先生成立于1981年，在中山公园2平方米的铁皮棚子起家，历经28年发展，目前拥有两千余名员工导游，营收30多亿元，业务涉及旅游、航空、酒店预订、机票、会议、展览、商务、因私出入境、体育赛事等行业，是国际会议协会（ICCA）在中国旅行社中最早的会员，是第53、54届世界小姐大赛组委会指定接待单位，是世界顶级赛事F1赛车中国站的境内外门票代理，被授予上海市旅行社中唯一著名商标企业。

自1994年至今，年年获国家旅游局排名的国内旅游全国第一，是国内连锁经营、最多全资公司、最具规模的旅游批发商和包机批发商。在上海有五十个连锁店,在江浙地区有四百余个、全国有近两千个网络成员,在北京、广州、西安、沈阳和三亚等30余个国内大中城市设有全资公司,每个全资公司大都有二至十个连锁店,境外有美国、泰国、香港等7个境外全资公司。

春秋国旅设有严格的质量监督管理机制,诚信经营,坚持"99+0=0"和"每团必访"的优质服务质量观,TQC部获得中国"优秀质量管理小组"称号。由于春秋国旅在企业经营、管理和发展方面取得了令人瞩目的成绩,因此十多年以来连续被授予"上海文明单位""重信用单位"的光荣称号,获得上海市A类纳税信用单位以及上海市"守合同、重信用"单位等荣誉称号。

2. 北京凯撒国际旅行社有限责任公司

1993年,凯撒旅游创始于德国汉堡,经过近20年稳健发展,相继在伦敦、巴黎、汉堡、北京、广州、上海、沈阳和成都等全球口岸城市和核心商业城市均设有分支机构,截至2011年,已在全球范围内拥有超过10个分支机构,是CATS(中国旅行社协会)会员、BTIA(北京市旅游行业协会)会员、PATA(亚太旅游组织)成员,经营范围包括入境旅游、国内旅游、出境旅游、会奖旅游、旅游电子商务等业务。

源自欧洲的凯撒旅游沿袭了国际成熟旅游市场的先进理念,充分发挥海外优势,成长为中国出境旅游市场独树一帜的商业品牌,并成为中国最大的集批发、零售和接待一体化的大型综合旅游运营商。凯撒旅游凭借完善的服务体系、严谨的企业作风、时尚的品牌形象,成功跻身于中国百强国际旅行社之列,连续多次被《旅行社》杂志评为"年度最佳旅行社"。时至2011年,凯撒旅游已连续多次获评"中国出境游十大批发商",2008年,凯撒旅游凭借先进的运营模式、领先的产品理念、强大的市场占有率等综合因素,被北京市旅行社等级评定委员会评为最高等级旅行社——AAAAA级旅行社。

凯撒旅游旗下拥有覆盖全球近100个国家、超过300种服务于不同人群的高端旅游产品,同时始终以活跃的姿态、丰富的创意为公众奉献以旅游文化为核心的大型主题活动,2009年联合旅游卫视推出"冲绳岛万人超级旅行团",2011年联合瑞士国家旅游局、瑞士航空公司共同推出"万人游瑞士"大型暑期活动等,成为时尚旅游生活方式的倡导者和领跑者。2011年,凯撒旅游成为2009—2012中国奥委会、中国体育代表团旅游服务供应商、2012伦敦奥运会中国大陆地区独家票务代理,再次引发公众关注。

凯撒旅游拥有深厚的欧洲背景和独特的服务理念，被誉为"欧洲旅游专家"的凯撒旅游率先倡导时尚旅游新概念，推出个性化产品，追求高品质服务，为渴望体验真正的旅游乐趣的人们打造舒适、理想的旅程。

（五）传媒网络类休闲企业

7K7K是国内最专业的休闲游戏网站之一。网站始建之初主要由网民上传并搜集互联网上广泛的小游戏资源，是国内老牌小游戏网站，拥有大批粉丝人群。从alexa数据来看，7K7K流量是相当之大，基本稳定在世界排名900多名。在中国网站排名统计来看，7K7K在中国网站排名在93名。因此在网络上常用7K7K来表示小游戏。7K7K成了小游戏的一个品牌。2013年致力于开发和运营网页游戏，代表作品有飘渺仙缘、冒险王等。

7K7K网站设计简单，游戏分类清晰，首页无任何动态广告。7K7K倡导"绿色游戏"理念，网站响应速度快。7K7K一直以优秀的整体形象、数量庞大的精品小游戏、动漫作品赢得众多用户的钟爱，拥有超过60%以上的用户是通过朋友介绍方式访问7K7K，忠实度很高。

在网站定位上，突出时尚、娱乐、休闲、绿色理念。更适合现代年轻人群的时尚快捷生活方式。

在网站用户上，中小学生占比10%，白领用户及近似人群为网站主要受众。男女性别比例为58%比42%。有特点的用户结构，亦吸引了众多广告主的关注。

在网站创始成员上，均由互联网业内人士组成。创始人多来自于Baidu。公司的快速发展更是吸引了曾任职于sina、google、Yahoo、263首都在线的优秀员工的加入。

五、结论

休闲企业作为我国休闲产业的客体，随着我国居民休闲意识及休闲条件的成熟，休闲企业的发展也进入了快速增长时期。从分析来看，2012年我国休闲企业总体发展态势良好，企业总体规模和效益均在不断提升，然而由于我国休闲企业仍处于发展阶段，所以非均衡化发展依然是当前休闲企业发展的主要格局。

(一) 2012年中国休闲类企业总体规模在不断扩大

2012年中国休闲企业发展总体规模在不断扩大。如所有休闲类上市类的营业收入总体保持着增长态势,2012年我国休闲企业的总收入达12 099亿元,相比2011年增长率基本为12.88%。同时还表现在休闲企业的资产总数的不断提升。截至2012年我国休闲上市企业的总资产已达到19 996亿元,相比2011年增长了77.82%。具体表现为休闲类上市公司总规模呈现出持续增长的态势;三大股市的休闲企业规模呈现出均衡化上升趋势;东南沿海地区休闲企业规模较大,发展速度较快;民营企业正在不断发展壮大。

(二) 2012年中国休闲类企业经济运营良好

较2011年相比,2012年中国休闲企业发展总体势头良好。其中,2012年我国休闲类上市公司的总利润为1791亿,平均利润6.03亿元,同2011总利润1589亿元和平均利润5.35亿元相比,利润增长率为12.71%。具体表现来看,三大股市上市的休闲企业呈现出非均衡化发展态势,东南沿海的休闲企业经济效益突出;三大股市中,港股市上市的休闲企业总体运营状况最好;民营企业经济效益不断发展壮大,休闲购物类上市企业总体业绩相对最好等。

(三) 非均衡化发展依然是当前休闲类企业发展的主要态势

中国休闲企业的发展无论是在区域分布方面,还是在规模、利润、所有制、类型和上市时间方面均呈现明显的不平衡状态。从2012年上市休闲企业的数据来看,在107家内地上市公司和33家美股上市公司中,位于中、东、西、东北地区的企业分别为19家、96家、16家和9家,分别占了总体的13.57%、68.57%、11.43%、6.43%。东部地区数量最多,是西部地区的6倍,是中部地区的5倍,是东北地区的近11倍,休闲企业表现出明显的向大城市集中的特征。在企业所有制方面,休闲类企业主要集中在民营类休闲企业。休闲企业的类型方面主要是集中在休闲购物方面。从休闲企业的上市时间来看,也主要集中在近五年。所以当前非均衡化发展是区域旅游发展的主要特点,而这种模式也说明了我国休闲企业正处在快速发展时期。

(四) 非上市休闲企业依然是我国休闲企业的核心和主力

非上市的休闲企业无论是在数量还是在规模总量、经济总量方面依然是我国休闲产业的核心,当前国内非上市休闲企业已经逐渐形成一些品牌,集团化、综合性发展也将成为非上市休闲企业的主要趋势,而上市也是该类企业的主要方向。

(五)中国休闲类企业将向精细化、多元化、综合化方向发展

根据我国社会发展大趋势和国外休闲企业发展经验来看,未来一段时间,中国休闲企业将向多元化、综合化方发展。

休闲企业今天已经成为人们生活中不可或缺的一部分。休闲企业提供的餐饮、购物、出行、娱乐、旅游等服务,影响和改变消费者的生活。因此,不论是对于用户,还是对于休闲企业,可靠的服务都是中国休闲企业发展的根本。随着休闲行业日益成熟,休闲企业的竞争变为了服务质量的竞争,服务精细化是中国休闲企业未来服务质量突破点。精细化服务,包括服务个性化、超值化、品质化、创新化多方面要求。

随着经济的发展,市场的需求越发多元化。在当今生活压力日益增高的情况下,旅游类企业逐渐获得人们的青睐于市场的认可。从实际调研来看,当前我国生态旅游、温泉养生等企业的规模和数量在过去几年均有很大的发展。

相对于酒店餐饮、休闲购物、休闲娱乐和传媒网络类休闲企业,休闲综合类企业的营收及利润增速相对较高,绝对资产规模也相对较大,这说明休闲综合类企业是 2013 年中国休闲企业发展方向,也是加强中国休闲企业发展的新引擎和新动力。

第六章
中国休闲产业发展研究
2012—2013

依据本研究报告对休闲产业的类型划分,本章内容从产业特征、存在问题、发展趋势等方面,来研究休闲产业的五大基本类型旅游产业、休闲餐饮产业、文化娱乐产业、体育健身产业、互联网产业的总体发展状况。研究框架如图6-1所示。

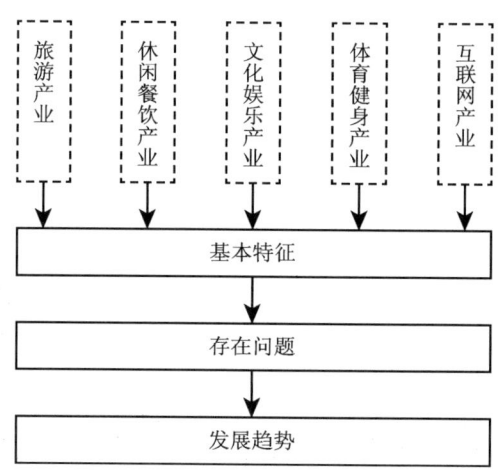

图6-1 研究框架图

由于目前关于休闲产业的基础理论支撑严重缺失,主要表现在概念混乱、边界模糊、数据不可获,因此本章节在内容组织上以上述研究框架为基础,并结合实际可获的数据情况进行适当调整。关于数据获取,结合本章对休闲产业的类型划分,主要包括行业统计年鉴、行业年鉴、行业发展报告、网络资料、研究文献等,数据时期在尽可能的情况下以最新的为准。

一、旅游产业

(一)城镇居民与农村居民休闲旅游的基本特征

本章依据《旅游抽样调查资料2011》以及《旅游抽样调查资料2012》,从出游率、人口学特征、经济学特征、心理学特征等方面,对全国城镇居民和乡村居民的出游情况进行纵向和横向的对比分析,以此来表征我国城镇居民与农村居民休闲旅游的基本特征。

1. 城镇和乡村居民的出游率对比

2012年,我国城镇居民国内旅游出游人数16.87亿人次,出游率为253.5%,比2010年提高了7.5%,城镇居民出游率虽然有所提高,但增长幅度较上年的33.5%有明显的下降。2012年我国农村居民国内旅游出游人数9.54亿人次,出游率为141.5%,比2010年提高了26.6%,增长幅度较上一年的4.3%有明显的提高,但比城镇居民出游率253.5%还相差甚远。

从2012年各季度的出游率来看,城镇居民第一季度出游率为61.5%,第二季度出游率为59.6%,第三季度出游率为65.2%,而第四季度出游率为67.2%,城镇居民在四个季度的出游率相差并不是很大,说明季节对于城镇居民的出游影响不是非常明显。相对而言,农村居民第一季度出游率为52.1%,第二季度出游率为28.9%,第三季度出游率为28.5%,而第四季度出游率为32.0%,农村居民在四个季度的出游率差异明显,说明季节对于农村居民的出游影响较为明显,农村居民出游率最高的时期是第一季度,即农闲时期,如图6-2所示。

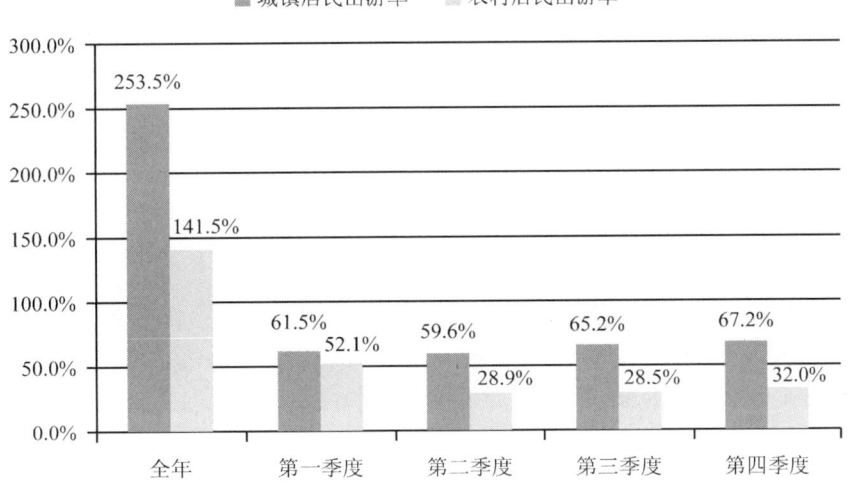

图6-2 城镇居民与农村居民分季度出游率

2. 城镇和乡村居民出游者的人口学特征对比

（1）男性仍然是城镇居民和农村居民出游的主力。

2012年，城镇国内出游人数中男性比例为55.7%，女性为44.3%，男女比例比2011年的59.4%比40.6%有所平衡，但男性依然是出游的主力。农村国内出游人数中，男性比例为62.1%，女性为37.9%，与2010年的57.4%比42.6%相比，2012年农村居民男女出游比例更加失衡。城镇与农村居民出游居民，男性比列均高于女性，鼓励和引导女性的出游是城镇和农村，特别是农村未来工作的重点之一（图6-3）[①]。

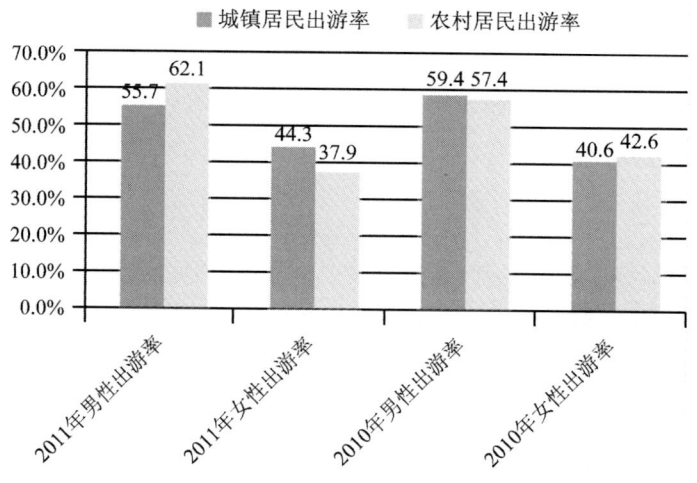

图6-3　城镇与农村居民出游性别对比图

（2）中青年旅游者是城镇居民和农村居民出游的主力。

城镇居民与农村居民出游情况的年龄划分基本一致，都集中在25～34岁（图6-4）。其中城镇居民出游者年龄分布为，14岁以下的占4.6%，15～24岁的占14.5%，25～44岁的占53.5%，属于青年人市场的共计占32.6%；45～64岁的中年人市场占21.1%；65岁以上的老年人市场占6.3%。而农村居民出游者年龄分布为14岁以下的占5.2%，15～24岁的占20%，25～44岁的占50.6%，属于青年人市场的共计占28.2%；45～64岁的中年人市场占20.9%；65岁以上的老年人市场占3.3%。由城镇和农村居民出游年龄分布来

---

① 图中所示数据为实际年份数据，文本表述则为数据出版物出版发行的年份。

看，与上年相比，中青年旅游者是出游的主力（图6-5、图6-6），这是因为，城镇中青年出游者多商务、会议旅游的机会，加之有固定的收入，故成为出游主力；农村居民中，中青年在外打工者较多，收入较高，观念较先进，有更多的出游动机。与2011年相比，城镇居民与农村居民出游者年龄都在年轻化，但依然保持了以往出游年龄结构中间大、两头小的特征。青少年和老年人市场还有进一步提升的空间。

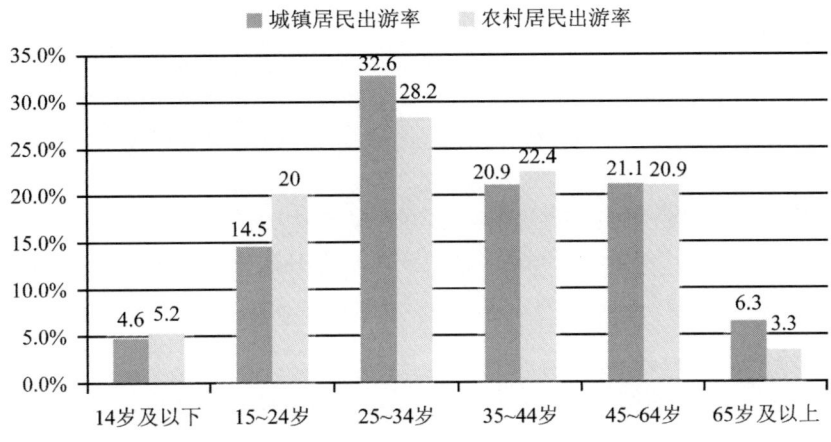

图6-4 城镇与农村居民出游年龄对比图

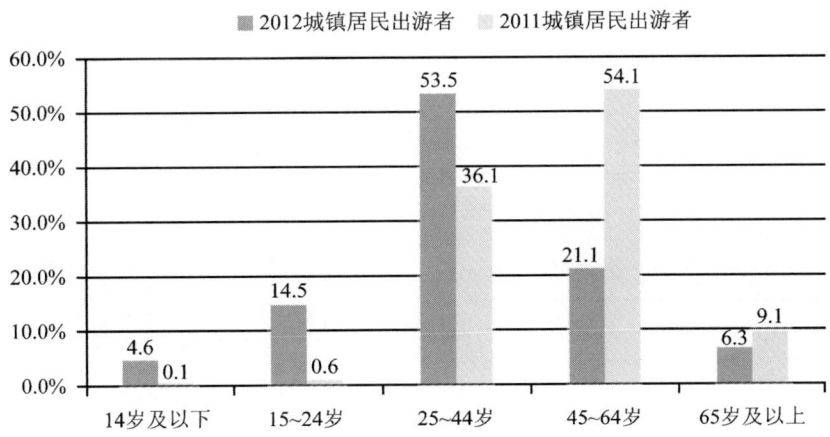

图6-5 2012年与2011年城镇居民出游年龄对比图

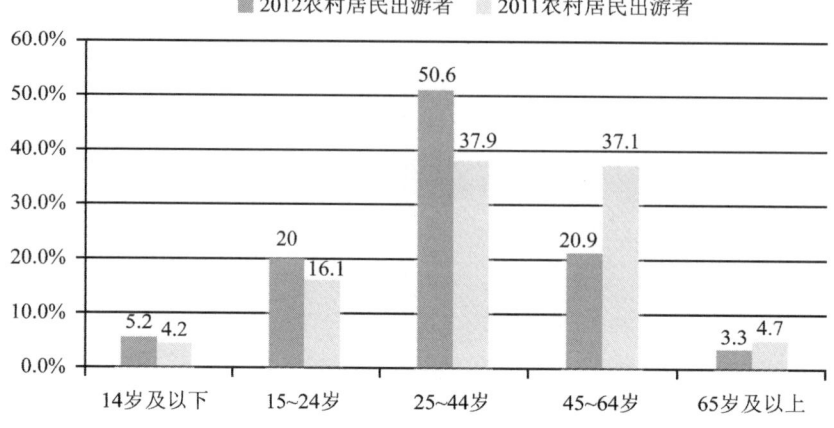

图6-6 2012年与2011年农村居民出游年龄对比图

3. 城镇居民和农村居民出游者受教育水平对比

如图6-7所示，2012年，城镇国内出游人数中初中及以下比例为13.3%，高中（中专/职高/技校）比例为21.5%。大学本科、专科比例为58.5%，研究生及以上比例为6.7%。农村国内出游人数中，小学及以下比例为13.8%，初中比例为33.4%。高中（中专/职高/技校）比例为31.2%，大专、大学本科及以上比例为21.6%。由于城镇与农村教育水平不尽相同，所以选取的测量口径并不相同，在城镇出游者中，大学本科、专科以上教育水平的出游者比例占到60%以上，较上年有明显提升；而农村出游者中初中、高中（中专/职高/技校）教育水平的出游者比例占60%以上。农村出游者受教育水平比城镇出游者低，但城镇和农村出游者受教育水平都在不断提升，随着我国教育事业的进一步发展，出游者受教育水平将进一步提升。

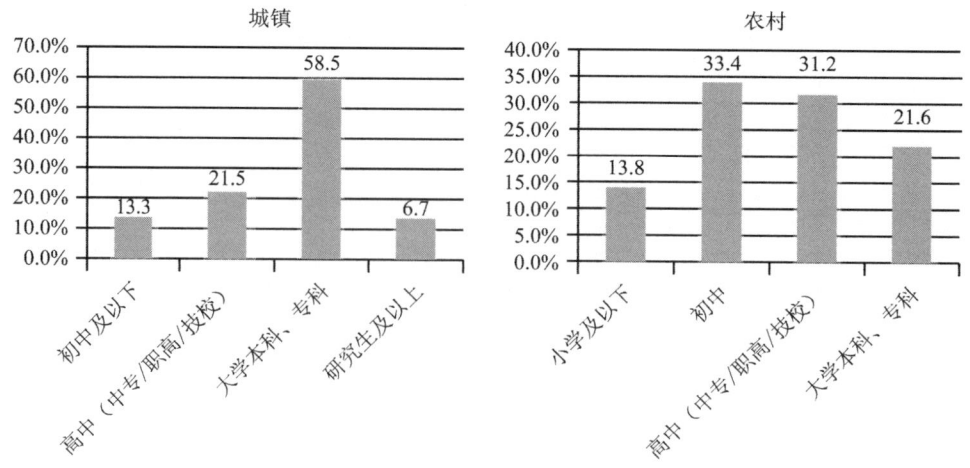

图6-7 城镇和农村居民出游文化水平对比图

4. 城镇和乡村居民出游者的经济学特征对比

2012 年城镇居民国内游客人均每次花费 1140.2 元,其中,男性人均每次花费 1213.7 元,女性人均每次消费 1047.9 元;农村居民国内游客人均每次花费 608.3 元,其中男性人均每次花费 669.7 元,女性人均每次花费 507.6 元。农村居民国内游客人均每次花费额度远远低于城镇居民出游者。而城镇和农村居民出游者中,男性的人均每次花费额度都要高于女性(图 6-8),这说明,现在的旅游市场还需要并可以挖掘女性需求,提高女性消费水平。

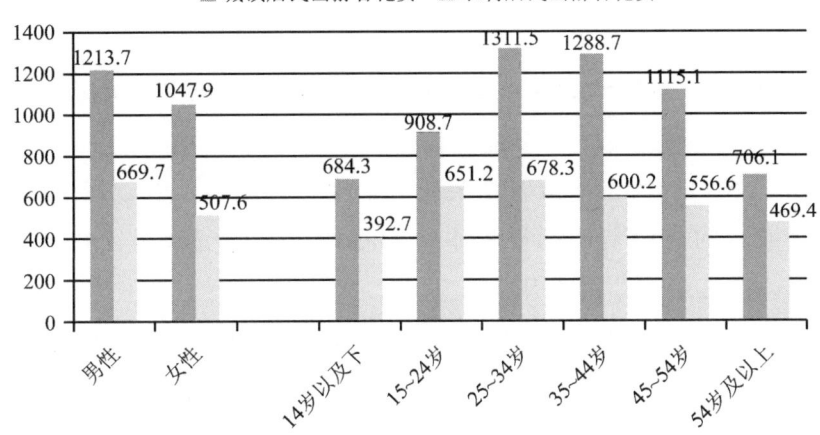

图 6-8 城镇和农村居民出游消费水平对比图

另外,城镇和农村居民出游者的花费额度都呈现正态分布的态势,尽管城镇居民出游者花费额度明显高于农村居民出游者的花费额度。处于 25~34 岁的出游者是人均花费额度最高的群体,同时,如上所述,他们同样是主力出游者。由图 6-8 可知,对于没有养儿育女负担、并且有闲有钱的退休老人的市场开发力度尚不完全,其消费水平并未达到仍处于滞后的位置,未来的发展中可以有很高的上升空间。另外,如图 6-9 所示,无论是城镇居民出游者还是农村居民出游者,受教育水平高的出游者人均每次的花费都比受教育水平低的出游者高。

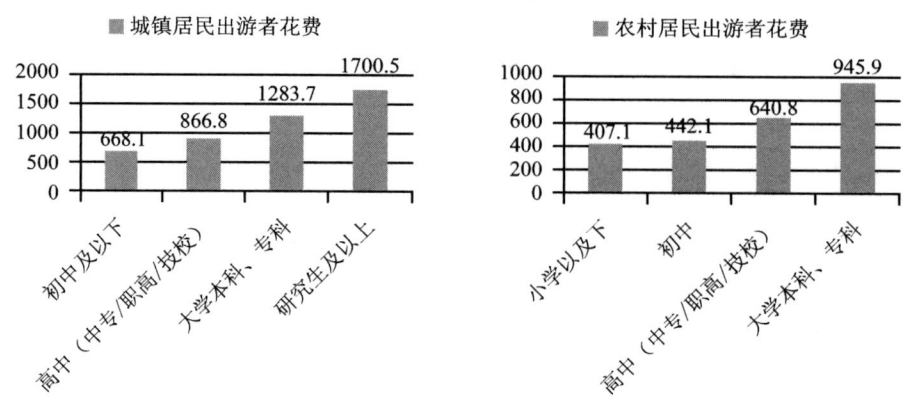

图 6-9 城镇和农村居民出游消费水平（按受教育水平）对比图

2012年，城镇居民国内散客主要花费集中在交通费、餐饮费和购物费；农村居民国内散客的主要费用同样集中于购物费、交通费和餐饮费。不同的是，城镇居民国内散客最主要的费用为交通费，而农村居民国内散客最主要的费用为购物费（图6-10）。这可以说明，如果可以改善交通状况，降低交通费用，那么旅游消费就可以分流到其他部分，从而提高旅游满足感；农村居民以购物为主要消费对象，说明农村居民出游者有一定的购买力，同时也说明其生活的环境缺乏充足的生活用品或其他用品，改善当地农村居民的生活环境，可以提高农村居民出游者的旅游满足感，真正体会旅游的乐趣。

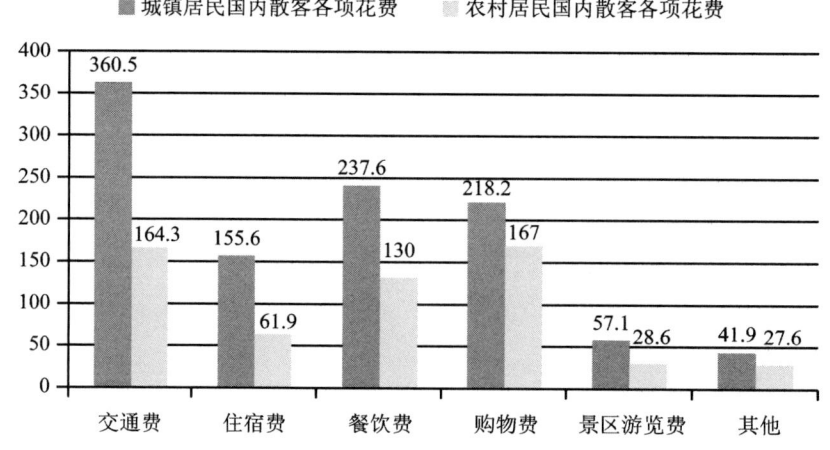

图 6-10 城镇和农村居民出游目的对比图

(二) 中国旅游产业的发展趋势

1. 旅游产业融合继续深化，将进一步扩充旅游休闲的内涵

旅游产业融合出现更多契合点，旅游与文化、体育、信息等产业融合发展受到广泛重视，逐渐成为区域旅游发展的热点。

旅游与文化产业融合发展。推进旅游与文化产业紧密融合、共同繁荣，既是经济社会发展的客观要求，也是推动社会大发展、文化大繁荣的必然要求和重要途径。文化产业与旅游产业的融合备受重视。以武隆为例，在2006年成为影片《满城尽带黄金甲》唯一拍摄外景地、以此提高旅游知名度获得成功的基础之上，该县依托"龙图腾文化"、"乌江船帮号子文化"、"民俗宗教文化"等文化资源，打造《印象·武隆》。自2012年4月公演以来，《印象·武隆》实景演出已接待游客40万人次，门票收入5100万元，成为重庆文化与旅游融合的一张名片。此外，一些地区通过开办文化旅游节的形式来推动文化旅游的发展。2012年7月，海东以"大美青海，风情海东"为主题，成功举办了第一届河湟旅游文化艺术节，邀请河南、广东、广西等大城市的百余家旅行社走进海东踩点考察，签订意向合同50多份。40家区内旅游商品企业角逐旅游商品文化创意大赛，展出商品达45类93种商品。张家口、哈密、张北等地一如既往地开办冰雪文化节。2013年开封大宋年文化旅游节也已于12月开幕。而也有一些地区则通过加大文化旅游项目的建设来促进文化旅游的发展。如贵州省近年来发挥省文化产业发展专项资金扶持引导作用推动文化旅游项目建设，累计投入1.2亿元，扶持发展项目240个。仅2011年全省已开工或签约的旅游建设项目共269个，总投资1124.72亿元，其中到位资金381.8亿元。

旅游与体育产业相融合。随着中国经济的发展，公众消费的强劲增长，体育旅游已成为新的消费热点，越来越受到人们的推崇，体育产业与旅游产业融合发展的态势愈发明显。以山东省枣庄市为例，其将体育休闲产业与文化旅游产业有机结合起来，借助台儿庄运河水上运动中心，引进高水平龙舟赛事，打造运河龙舟品牌，同时利用滕州微山湖湿地公园、仙坛山温泉小镇、大型水库等水资源，发展垂钓、游艇、滑水、游泳、摩托赛艇、环湖自行车、泡温泉等一系列亲水体育旅游产品。继2012年3月台州市旅游局与市体育局联合出台《关于开展台州市体育旅游休闲示范基地创建活动的实施意见》之后，12月台州市体育局、市旅游局联合对全市2012年市体育旅游休闲示范基地创建考核评定，评定了省级体育旅游休闲示范基地1家，市级体育旅游休闲示范基地8家。

此外，广西壮族自治区体育局与旅游局签订了《体育旅游合作框架协议》，启动了"运动周末——环南宁运动休闲圈"首个体育旅游项目。

旅游与信息技术相融合。智慧旅游成为旅游业转型升级的重要选择和实现旅游业可持续发展的有效抓手。从2010年始，南京、苏州、温州等城市相继制定了智慧旅游发展战略，至今已经取得了初步成效。以温州为例，自2001年起，温州旅游业信息化建设悄然开始，旅行社、酒店等企业开始运用信息化手段进行经营管理。2010年，"钟鼎散客旅游网"成为温州首家获工商部门批准的网上旅游交易市场，温州旅游企业信息化试点工作正式启动。中国电信温州分公司2011年3月与温州市旅游局签订了旅游信息化战略合作协议，共同推进温州智慧旅游建设。目前，已在视频监控系统、电子票务、景区智能门禁管理、无线热点覆盖、二维码应用等方面全面合作。此外，国家旅游局部署了智慧旅游城市试点工作，确定了江苏镇江为国家智慧旅游服务中心。2012年5月，北京市旅游发展委员会也召开了智慧旅游行动计划纲要发布暨工作部署大会，发布了《北京智慧旅游行动计划纲要（2012—2015年）》和"智慧景区"、"智慧饭店"、"智慧旅行社"、"智慧旅游乡村"4个建设规范，同时，由北京市旅游发展委员会召集，北京市相关旅游企业、科技企业和科研院校共同发起的北京"智慧旅游联盟"也正式宣告成立。

旅游产业与金融行业的合作加强。随着我国成为世界出入境旅游大国，国民旅游迅速推进旅游业与金融业融合发展。2012年3月，中国人民银行等七部门联合发布了《关于金融支持旅游业加快发展的若干意见》，全面系统地提出了加强和改进旅游业金融服务的多项指导性意见。这是继两年前旅游业被定位为国民经济战略性支柱产业、启动构建金融与旅游两大产业战略伙伴关系以来，国家首次以如此高调形式推动这一进程，成果引人关注。2012年11月，中国银联与国旅总社在2012中国国际旅游交易会上签订了全面业务合作协议，宣布将结合金融服务业及旅游服务业方面优势，打造我国旅游金融服务"新旗舰"，推动我国旅游行业支付现代化、便捷化发展，进一步提升旅游者的全球化支付服务。这是国家旅游局、中国银联提出合作推动旅游业、金融业融合发展战略的又一重要举措，"旅游刷卡无障碍"相关工作正取得实质性进展。

2. 海洋旅游进入全面发展阶段，将进一步拓展旅游休闲的空间

党的"十八大"明确提出，建设海洋强国。跟陆地资源相比，海洋资源可持续发展的潜力更大。海洋旅游以其独有的资源和市场优势受到国家层面高度

重视,海洋旅游稳步推进。2012年初,温总理在政府工作报告中指出,"要制定和实施海洋经济发展战略,促进海洋经济发展",这意味着中国蓝色经济已进入到快速发展时期。继2012年国务院正式批复《海南省海洋功能区划(2011—2020年)》,提出了旅游休闲娱乐区,即开发利用滨海和海上旅游资源,可供旅游景区开发和海上文体娱乐活动场所建设的海域,包括风景旅游区和文体休闲娱乐区。国务院又正式批复了《福建海峡蓝色经济试验区发展规划》,明确了构建"一带、双核、六湾、多岛"的海洋开发新格局,提出将平潭岛打造成为绿色、生态、低碳的科技岛和国际知名的海岛旅游休闲目的地。《全国海洋功能区划(2011—2020年)》亦确定了我国五大海区的总体管控要求,提出要推进海南岛、中沙群岛、西沙海岛旅游资源开发,并建设永兴岛—七连屿珊瑚礁旅游区。海洋旅游受到国家层面的全面重视。2013年旅游主题已经确定为"中国海洋旅游年",宣传口号为"体验海洋,游览中国"、"海洋旅游,引领未来"、"海洋旅游,精彩无限"。

在国家战略带动下,沿海各地也高度重视海洋旅游发展,纷纷出台规划和促进措施,大力推进海洋旅游发展。继2012年8月福建省出台《关于加快海洋经济发展的若干意见》后,10月份国家海洋局与福建省政府签署协议,将"国家海洋局海岛研究中心"落户福建平潭。另外,国务院近日正式批准《福建省海洋经济发展规划》。海南已制定《三沙旅游开发管理规定》,正积极推进三沙旅游的开发、开放;浙江在打造现代海洋产业体系中提及,培育发展滨海城市为依托,加快建设宁波舟山、温州台州、杭州湾三大滨海旅游区。值得一提的是,目前宁波市在建投资过亿元的海洋旅游项目有21个,投资总额超过310亿元;连云港海州湾国家海洋公园成功获批1440万元项目资金;山东省公布了10个首批省级海洋生态文明示范区名单,山海天旅游度假区名列其中,山海天旅游度假区充分发挥山海天滨海、生态、文化等优势,抢抓蓝色经济区建设机遇,科学规划,积极实施了阳光海岸带整治、两城河口湿地保护、桃花岛海岛整治修复等工程,"蓝天、碧海、金沙滩"得到了很好的保护和修复。此外,舟山作为全国一大邮轮母港,与上海、天津、厦门、大连、三亚、青岛等并驾齐驱。海洋旅游产品开发也明显向丰富内涵、提升层次方向快速发展,除了滨海休闲观光、海洋馆参观等传统项目,海洋文化旅游、邮轮游艇旅游、海上体育赛事等旅游项目建设明显加快。海南已推出的温泉康体、高尔夫、医疗疗养、冲浪潜水等滨海度假旅游产品颇具影响,三沙旅游、邮轮游艇游等旅游产品备受关注。厦门规划打造游艇集散地,而香港、澳门、钦州、龙口、珠海、海口以及湛江等滨海城市也都大力开发游艇项目,掀起了新一轮海洋旅游发展的热潮。

二、餐饮产业

2012年中国餐饮业在规模上持续增长且增速仍呈下降趋势,市场竞争加剧。[①] 2012年底中共中央出台"八项规定",将成为餐饮业发展的重要历史转折点,餐饮业发展环境的改变将导致餐饮产业迫切寻求转型和升级。节约风尚的兴起将引起餐饮消费理念的转变和餐饮产业的新变化。

(一)中国休闲餐饮产业的总体特征

1. 餐饮产业的总体规模持续扩大,增长速度不断降低

2012年中国餐饮产业实现收入23 448亿元,与2011年同比增长13.6%,增速比2011年低3.3%,且连续三年低于社会消费品零售总额增长速度,差距从0.2个百分点扩大到0.7个百分点,创造1991年以来的增速最低水平(排除2003"非典"年)。[②]

其中,北京、上海、重庆等地餐饮业的增速也下滑明显。2012年,上海限额以上住宿和餐饮业零售额为449.98亿元,同比增长3.4%,实现利润17.03亿元,同比下降38.3%。北京餐饮收入实现824.38亿元,同比增长7.7%,其中12月仅同比增长0.3%。重庆市住宿餐饮零售额为600.26亿元,即使有15.1%的增长率,也依然低于同期社会消费品销售总额16%的增长速度。上市公司如全聚德2012年营业收入19.44亿元,仅比上年增长7.84%,增幅创下近年来最低。西安饮食收入6.63亿元,比上年同比下降1.27%,利润则同比下降高达51.61%。2012年味千拉面实现销售额30.43亿港元,同比下滑了1%,净利润仅为1.54亿港元,同比降幅高达56%。湘鄂情2012年也仅增长11.66%,也低于同行业水平。

2013年一季度餐饮业收入为5890亿元,同比增长8.5%,增速比上年同期

---

① 如无特殊说明,本部分基本数据和相关资料均引自《中国餐饮产业发展报告2013》和《2012年度中国餐饮百强企业分析报告》。
② 参考《中国餐饮产业发展报告2013》之《中国餐饮产业发展现状与企业应对策略》和中国烹饪协会《2012年度中国餐饮百强企业分析报告》。

回落 4.8 个百分点,比上年全年回落 5.1 个百分点,增速仍呈下滑趋势。①

2. 餐饮行业的市场竞争加剧,品牌化和连锁化经营逐渐扩张

随着劳动力成本的不断上升和餐饮规模业的不断扩大,餐饮行业的市场竞争日益激烈。在规模上,百强企业持续增长,但企业之间差异明显。据统计,2012 年企业增长率 20% 以下的占主体,其中增长率为 10%~20% 的有 33 家,低于 10% 有 22 家,有 11 家企业出现了负增长。也有部分企业增长保持了良好的势头,有 20 家企业增长率为 30% 以上,个别企业增长达到 50%(见表 6-1)。其中,增长率超过 20% 的 34 家企业中,仅有 5 家企业的人均消费在 100 元以上,占总数的 15%。在净利润上,15% 的企业净利润增长在 10% 以上,20% 的企业增长率在 1% 以下,30% 企业增长率在 1%~5% 之间,有 4 家企业出现亏损。

表 6-1 百强企业营业收入增长情况

营业收入增长率	企业数(个)	净利润增长	企业数(个)
>50%	3	>20%	2
20%~50%(含20%)	31	10%~20%	14
10%~20%(含10%)	33	5%~10%	32
<10%	22	<5%	41
负增长	11	亏损	4

坚持原有优势,拓展新优势是企业应对竞争的选择。百强企业利用品牌优势和规模经济,将视角从大中城市向二三线城市转移,实现跨区域的发展。2012 年,百强企业 60% 以上的经营区域跨 5 个以上的省市,单一省内经营的仅有 4 家。平均覆盖城市达 51 个,覆盖城市超过 100 个的有 14 家,天津顶巧、重庆毛哥等知名企业已在 300 多个城市开设分店。连锁经营是餐饮业的主要经营模式,2010 年,全国连锁餐饮企业的总店数突破 400 家,2011 年达 428 家,营业额达到 1120 亿元左右的规模。2012 年,60% 的企业实行直营加特许的经营方式,40% 的企业坚持直营连锁。2012 年餐饮百强企业中,有 5 家企业的连

---

① 数据来源:中华人民共和国国家统计局《一季度国民经济运行总体平稳》。

锁门店超过1000家，35家企业门店在200家以上。百强企业中有12家已较为成功的实现跨国的连锁经营，其中小尾羊已在英国、澳大利亚、日本、迪拜等地开设8家连锁店，全聚德在海外开设5家门店，中国餐饮行业"走出去"策略推进明显。

3. 大众化的餐饮业迅速增长

餐饮企业增速高低有别，但增长较快的大多是大众化餐饮企业。

表6-2 2012年百强餐饮业态情况

餐饮类别	企业数（个）	收入（亿元）	占百强总额（%）	增长百分点（%）
餐馆酒楼	34	430.42	23.26	-3.95
快餐（团膳）	24	858.85	46.41	5.85
火锅	29	415.62	22.46	1.33

2012年，餐馆酒楼、快餐（团膳）、火锅仍然是餐饮业的主力，但是与2011年相比，快餐、火锅等大众型消费的餐饮业发展比餐馆酒楼的发展迅速。2012年，34家餐馆酒楼营业收入为430.42亿元，占百强企业总额的23.26%，比2011年减少了3.95个百分点；而29家火锅企业收入为415.62亿元，占百强企业总额的22.46%，比2011年提升1.33个百分点。其中发展最快的是快餐（团膳），24家快餐企业收入858.85亿元，占百强企业总额的46.41%，比2011年百强增加5.85个百分点。大众化的餐饮企业增长快速，但中高端餐馆酒楼仍然是赢利较高的企业。2012年，百强企业平均单店收入916万元，餐馆酒楼高达2656万元，快餐只有440万元。

4. 餐饮企业的转型与升级明显

2012年餐饮企业的转型与升级成为应对日益激烈的市场竞争、谋求新发展的迫切需求。不少企业通过开展多元化服务、延长营业时间、加大外卖服务来实现创收，部分企业还采取了产品升级、创立或并购新品牌等形式。如星巴克开拓了早餐市场，全聚德进军团膳市场，湘鄂情进军快餐领域并开通网络订餐，眉州东坡联合房地产公司斥资10亿元打造湖北黄冈"东坡外滩"，合肥肥西老母鸡更名为"老乡鸡"，福建华莱士对其产品供应、就餐环境、装修装饰等进行品牌转型，南京民都荟也通过增加"清淮小吃"和"民国家常菜"来吸引大众消费。一些高端餐饮也不得不采取分化整合的方式，改头换面的进行大众化的经营，通过调整价格和增值服务来扩大消费。2013年初，陶然居、孔亮、菜香源等19家重庆餐饮企业，筹集上亿元资金抱团成立重新餐饮投资集团，谋求合力做大做强，计划在5年内打造10条美食街。

5. 政策环境对餐饮消费理念的引领

2013年春节前后，中共中央作出"八项规定"、"六项禁令"以及"厉行勤俭节约反对铺张浪费"的重要批示。2013年1月29日，商务部、国家旅游局发布《关于在餐饮业厉行勤俭节约反对铺张浪费的指导意见》倡导节约光荣、浪费可耻的思想理念，提倡科学合理消费、反对铺张浪费。2013年2月4日，商务部办公厅下达《关于贯彻落实〈餐饮业厉行勤俭节约反对铺张浪费的指导意见〉的通知》，提出高度重视并建立厉行餐饮节约的长效机制等。在全国"厉行节约"的风气推动下，2013年2月餐饮业业务活动预期指数下降至42.3%，创造历史最低水平。其中，北京、上海、宁波餐饮营业额分别下降了35%、20%和30%，高档菜肴如燕窝、鲍鱼销售量下降40%，鱼翅销售量下降70%，茅台、五粮液等高档白酒销售也大幅下降。在政策环境的影响下，我国的休闲餐饮理念将有较大的转变。

（二）中国休闲餐饮产业存在的问题

1. 区域分布不平衡，企业发展水平差异大

就区域分布而言，国内餐饮业集聚的特征比较明显，主要集中在北京、上海、四川、重庆，以及江浙一带和沿海发达地区。2012年，百强企业覆盖我国20个省市，其中，北京有18家，占百强企业营业收入的13.8%，重庆、浙江各有13家，共占百强收入的20%，上海有7家企业入围，占有百强收入的31.2%，而黑龙江、云南、山西、甘肃、贵州、广西壮族自治区、宁夏回族自治区、青海、西藏自治区等9个省区无一家企业入围。显然，我国目前的餐饮产业竞争力差距较大。

就企业的收入而言，国内民营企业数量多但营业收入远不如外商和港澳台餐饮业，差距明显。2012年的百强企业中，民营企业74家，外商及港澳台企业15家，前者营业收入867.2亿元，占百强企业总额的46.87%，后者营业收入805.57亿元，占百强企业总额的43.54%，而入围的6家国有企业营业收入为80.34亿元，占百强企业总额的4.35%。

2. 餐饮卫生与安全问题

餐饮卫生与安全问题是餐饮业发展中的重要议题。2012年央视"3·15"

曝光跨国公司麦当劳销售过期食品问题，以及之后的肯德基速成鸡、人造鱼翅等问题，都凸显出餐饮诚信经营和食品安全的重要性。随着政府对食品安全监督管理力度的加强，从餐饮的生产、流通和消费都会受到一定的影响。为了满足高要求、高品质的餐饮需求，各地加大审核力度，餐饮业的入围门槛明显提高。以上海为例，2012年上海市注销餐饮业7308家，核发《餐饮服务许可证》6898张，首次出现新核发餐饮服务许可证数量低于餐饮企业数量，上海餐饮数量由此减少3%，是近年来上海首次出现下降的拐点。

3. 成本压力大

我国过去的餐饮产业以粗放型为主，产业化程度低、控制能力弱，专业的人力资源缺乏，因而难以实现餐饮产业的标准化、系统化，产业分工和管理水平较低。但随着我国社会体制的深入转型，经济增长和居民收入的增加，休闲餐饮的需求量上升，居民对休闲餐饮的品质要求也不断提高。精细化、高品质的餐饮服务必然导致人力、资金、技术成本的大幅上升。

（三）中国休闲餐饮产业的未来发展趋势

1. 竞争进一步加剧，经营管理的要求提升

继2012年餐饮产业出现的增速缓慢、经营成本上升、利润普遍下滑之后，未来一段时间，餐饮产业竞争局面将不断加剧、市场需求变化的频率加快。餐饮行业传统的粗放式和经验式模式将发生转变，将信息化的技术手段运用到餐饮产业的经营和管理中，是未来餐饮产业实现管理规范化和系统化的优先选择。创新科技的使用，将对餐饮产业的管理者、经营者以及相关从业人员的素质提出新的要求。

2. 更加注重食品安全与健康

2012年，我国餐饮服务食品安全法律法规和制度不断完善，卫生部等八个部门印发了《食品安全国家标准"十二五"规划》、《餐饮业即食食品微生物限量标准》，给餐饮业提供了食品安全的导向和管理依据，近50%的餐饮企业完成卫生等级评定。无论是从餐饮发展的政策环境还是从消费者的消费需求来看，未来的餐饮业都将更加注重食品安全和品质，营养、绿色、环保的健康饮食消费将成为休闲餐饮发展的主流。

3. 节俭理念的深入，文化内涵的提升

随着"厉行节约"的餐饮风尚的流行，全国各地展开各种"光盘"行动，厉行勤俭节约、反对铺张浪费的理念将逐步深入民心。在推行合理消费、反对

铺张浪费的同时,人们的餐饮消费将会实现从量到质的需求转变。在未来的休闲餐饮业中,无论是消费者还是从产业发展的角度来看,都将更加注重对餐饮文化内涵的追求和提升。

4. 转变营销理念,增强产品创新

转变营销理念,增强产品创新,实现产业的升级与转型是中国餐饮业未来发展的一个方向。信息化和技术化的加强仍然占据重要的位置,如和合谷利用智能化的设备推行的"双厨房"运营模式,湘鄂情推出的成品和半成品商务模式,以及金百万"利用餐厅的社区优势,实现5公里半径的社区餐饮数字化商圈"模式等。网络餐饮成为时尚,在未来餐饮产业发展中不可忽视,微博营销等新方式将层出不穷。加大与其他产业的合作,如与相关机构联手打造城市文化名片、特色街道或景区等,实现跨行业携手发展也是餐饮业发展的一个突破口。

三、文化娱乐产业

(一)中国文化娱乐产业的总体特征

1. 总体规模稳步提升,部分产业高速发展

2011年,我国主要文化产业门类迅速增长,除电子出版物降低15.5%,其余全部实现增长。其中,增长率排在前五位分别是,网络游戏34.2%,动漫32.04%,数字出版物31.0%,音像制品29.1%,电影28.93%。期刊增长率较低,为8.0%,其余的增长速度均在两位数以上。[①]

表6-3 2011年我国文化产业主要行业构成与市场规模

单位:亿元

序号	行业名称	细分行业	市场规模
1	图书、期刊、报纸	图书	664.4
		期刊	162.6
		报纸	818.9

---

① 如无特殊说明,本部分基本数据和相关资料均引自《中国文化产业发展报告2012—2013》。

续表

序号	行业名称	细分行业	市场规模
2	音像制品和电子出版物	音像制品	26.1
		电子出版物	6.2
3	数字出版物		1377.9
4	电影		131.15
5	动漫		621.72
6	网络音乐		309
7	网络游戏		468.5
8	演艺		233
9	艺术品		1959

2011年，图书、报刊、报纸和艺术品仍然是我国文化产业的市场规模较大的组成部分。除了超过千亿元的艺术品和数字出版两大行业以外，500亿~1000亿元的为报纸、图书、动漫三项，100亿~500亿元的为网络游戏、网络音乐、演艺、期刊和电影，100亿元以下的包括音像制品和电子出版物。其中网络游戏首当其冲，市场销售收入高达468.5亿元，比2010年增长32.4%，且呈现出以完美世界、盛大网络、腾讯、网易、搜狐畅游为代表的寡头竞争格局。

数字出版行业自2010年突破千亿元之后，2011年持续攀升，达到1377.9亿元。其中，手机出版和网络游戏市场规模分别为367.34亿元和468.5亿元，占据数字出版市场规模比例分别为26.66%和26.74%，发展迅速占据数字出版产业的半壁江山。动漫动漫产业连续多年保持较高的增长率，2005年中国动漫产值不足100亿元，2011年已达到621.74亿元。

2. 广播电视产业收入较快增长，数字电视、网络广播电视台等发展迅速

2011年，中国广播电视总收入达2717.32亿元，比2010年增长了415.45亿元，增幅有所下降，为18%。2011年底，我国有线电视光缆干线长达333万公里，有线电视用户达2.0152亿，占全球的1/3，规模居世界第一，其中数字电视用户1.139亿（双向覆盖用户5000万）。2011年共有17家网络广播电视

台、615家互联网视听节目服务单获准开办,截至2012年一季度,中国移动多媒体广播终端数量已到达3690万台,预计2013年,带有CMMB功能的手机用户达到8500万台。我国电视剧网络版权价格飙升,热点剧集的价格全面上升至80万~100万元/集,部分剧集甚至达到200万元/集,超过一线卫视的版权价格,视屏网站逐渐步入我国主流媒体。

3. 电影产业持续高涨,国产影片观影热潮飙升

2012年,我国生产各类电影总量893部,其中故事影片745部(含电影频道出品的数字电影92部)、动画影片33部、纪录影片15部、科教影片74部、特种影片26部。全国电影总票房达到170.73亿元,同比增长30.18%,其中,国产影片票房82.7亿元,占全部票房总额的48.46%。2012年累计有21部国产影片票房过亿元,6部影片达到2亿元以上票房,3部影片达到7亿元以上票房,数量超过历年。《人再囧途之泰囧》、《寒战》等中小成本影片票房黑马频现,《人再囧途之泰囧》创造前所未有的观影热潮,以3600多万的观影人次超过《变形金刚3》和《阿凡达》,以近12亿元的票房收入刷新国产影片票房纪录。[①]

表6-4 2008—2012年电影票房走势

单位:亿元

年份 类别	2008	2009	2010	2011	2012
国产片	26.0	35.3	57.4	70.3	82.7
进口片	17.4	26.7	44.3	60.8	88.0
总票房	43.4	62.0	101.7	131.1	170.7

2012年我国城市影院建设继续保持了高速发展态势,全年新增银幕3832块,平均每天全国新增银幕10.5块,且全部为数字影厅。截至2012年底,全国银幕数从2002年的1845块增加到现在的13118块,其中2K数字银幕超过1.2万块,主流院线实现数字化。

4. 出版物增长保持平稳,网络书刊冲击实体书店

2011年,全国出版、印刷和发行服务实现印业收入14568.6亿元,较2010

---

① 陈滨. 2012年21部国产片票房过亿. 北京晚报,2013-1-10.

年增长17.7%，增加值4021.6亿元，增长14.8%，占同期国内生产总值（GDP）的0.9%。全国共出版图书37.0万种，比上年增长12.5%。其中新版图书20.8万种，增长9.6%；重版、重印图书16.2万种，增长16.5%。就出版发行的内容而言，2011年主题出版物成效显著，选题关注大事、热点和纪念活动，时政类图书市场反应强烈。

实体书店仍然在增长，但网络书店及网络书刊对实体店的冲击较大。2011年全国共有出版物发行网点168586处，比上年增长0.42%。其中，国有书店和国有发行网点、供销社发行网点、出版社自办发行网点、文化、教育、广电、邮政系统发行网点都比上年减少。当当网、亚马逊网和京东商城等网络书店发展优势明显，并且不断拓展电子书业务。2011年，我国电子阅读器市场总销售量预估达到120万台，比2010年增长30.1%。我国电子书价格有明显下降，销售保持较高增长。传统的纸质版期刊在不断拓展新领域，如《读者》开设"读者网"数字商务平台，《知音漫客》创建"知音漫客网"，《中国国家地理》、《新周刊》、《意林》、《三联生活周刊》等期刊也在不断加强网站建和其他运营商的合作。《淘宝天下》为代表的新型纸质期刊迅速崛起，2010年底每期发行量超过60万份。手机期刊以及《九界》等"微期刊"也逐渐成为电子期刊中的一种重要形式。

5. 文化产业集群不断形成，骨干企业不断壮大

2010年，国家级文化产业示范基地和园区总收入规模超过2500亿元，总利润超过365亿。2011年深圳华侨城集团利用国家级文化产业示范园区，实现文化相关主营业务收入61亿元。2011年，维旺迪旗下的环球唱片公司以12亿英镑收购百代唱片公司，环球、索尼、百代和华纳全球"四大唱片公司"变身为"三大"。跨地区、跨行业、跨所有制的文化产业整合在我国也实现了一定突破。在电影产业方面，在星美国际对上海、北京等地12家影院完成收购之后，2011年周星驰任董事的上市影视公司比高集团也斥资3000万元收购了成都、重庆及上海四个影院项目的股权。网络视频方面，2011年，人人网宣布以8000万美元全资收购56网，新浪以6640万美元获得土豆网9.05%的股权，乐视网对影视制作企业东阳九天进行增资，MSN中国与搜狐视频展开全方位战略合作。2011年，腾讯依托年初成立的50亿元产业共赢基金，加快了投资并购的步伐，相继投资了高朋网、艺龙网、珂兰钻石网、金山网络、开心网等，权利实施"互联网泛娱乐"战略，并向影视娱乐业扩展，以4.5亿元入股华谊兄

弟。此外，还出现了广播、电影、电视、报刊、音像、出版、网络等多行业整合的势头。

6."走出去"步伐不断加快

2011年，我国核心文化产品的进出口总额达199亿，同比增长21.4%，其中除声像制品以外均实现增长，实现贸易顺差174亿元。2011年我国核心文化产品的出口构成，视觉艺术品49.9%，视听媒介27.2%，印刷品14.2%，声像制品1.1%，其他7.6%。

(二) 中国文化娱乐产业存在的问题

1. 市场主体建设水平低

市场主体是实现资本、技术、人才等生产要素有机融合的载体，市场主体建设的优劣，是产业发展水平高低的体现。目前我国文化娱乐企业的规模普遍偏小、规模以上的企业数量较少、产业集中度低。

近年来，在改革引发的体质性释放和政策推动作用下，大量公共和私人基金投入文化领域，大量文化娱乐产品被企事业单位快速生产出来，同时，由于移动互联网和宽带技术的发展，越来越多的普通文化消费者也参与到产品生产中来，在规模上供给短缺的局面得到了较大缓解。但是，由于市场主体尚处于培育和市场的竞合淘汰阶段，导致文化娱乐企业的规模普遍偏小、规模以上的企业数量较少、产业集中度低。可以说，我国文化娱乐产业投资的高峰期已过，发展的动力将从投资转向消费，发展方式将从数量规模型走向质量效益型，大规模洗牌和兼并重组将不可避免，我国文化娱乐产业的市场主体建设水平低的局面将很快得以根本改善。

2. 自主创新能力不足

文化品牌的建设不到位，品牌意识不强，品牌竞争力不强。文化品牌形象和环境建设有待加强，文化产品的设计缺乏创意。传统的文化产业如工艺美术品、传统节庆、地方特色演艺、文化旅游等，建设不到位。资金缺乏，从业人员文化素质低，流于表面，注重经济效益而缺乏文化内涵的挖掘。以电影产业为例，2012年，我国国产电影虽然实现了较大突破，但票房收入超过2亿元的国产影片与美国进口影片相比，数量偏少，竞争力相对低下；在5000万至2亿元的中等票房影片中，虽然国产影片比例占有一定优势，但质量参差不齐、口碑与票房不相称。国产电影的核心创作力不强，在类型化开发、多样性建设不足，品牌建设意识薄弱，内涵不够丰富。自主创新能力的不足，电影质量提高滞后于数量提高，使国有电影单位的整体实力在市场竞争中处于弱势地位。

（三）中国文化娱乐产业的未来发展趋势

1. 投资转向消费，数量转向质量

"十二五"期间，我国文化产业发展将实现由注重数量增长、规模扩张转为注重质量提升和注重培育产业核心竞争力，实现由粗放型增长向集约式增长的转变。产业管理者不但重视文化产业自身发展，还会更加重视文化产业与经济社会发展的融合，发挥文化产业对其他产业、对城乡经济社会发展的带动作用。未来我国文化娱乐产业的发展，将从投资转向消费，从数量规模型走向质量效益型，甚至会打破生产与消费的界限，实现生产即是消费，更加注重消费者的文化体验。

2. 产业融合发展逐步深入，产业集中度进一步增强

打破区域与行业壁垒，是产业拓展融资渠道，实现资源的有效重组和利用的重要手段，实行跨地区、跨行业的整合将在我国文化娱乐产业中逐步深入。三网融合、"全国一张网"的广电网络整合策略将进一步推行。随着数字、网络、信息技术的不不断发展，单个文化产业的边界逐渐模糊，产业融合的趋势不可阻挡。产业融合将为资本和技术带来优势，有利于形成统一、开放、竞争、有序的现代文化市场体系。

产业集中程度较高的产业园区的建设，如实验区、示范区、文化生态保护区、文化生态博物馆等将长期发展。特色资源的运用得到更加注重，民族演艺、民族工艺品展示区等将为特色街区增彩。村镇利用地区节日，建设融文化旅游、商贸、文化体验、文化展演为一体的综合性文化景观或园区。在产业集中的过程中，中西部仍以本土的自然资源和人文资源为依托，向资源导向型发展，而发达城市则利用市场优势和信息管理优势，走创新型发展道路。

3. 科技创新将成为文化发展的重要推动力

文化产业进一步推进，将向多层次、多领域、全方位体系发展，无论是文化产业的业态拓展还是行业整合，都离不开高新科技的推动。随着网络、数字信息技术的发展，动漫、网络游戏等新兴产业不断兴起，成为文化产业的新亮点，创意、知识、信息是未来文化娱乐产业发展的重要驱动力。

四、体育健身产业

体育健身产业是为满足人民群众日益增长的健身、康复、休闲和娱乐等方面需要和消费而发展起来的面向大众化的体育文化服务行业。[①]

(一) 中国体育健身产业的总体特征

1. 体育赛事更加丰富和精彩，赛事举办区域辐射范围扩展

我国体育竞赛业呈现赛事举办类型全面化、赛事举办区域扩展化、赛事组织体系多元化的特点。2010年11月至2012年9月，我国举行了6个大型综合体育赛事，包括第16届亚洲运动会、第26届世界大学生运动会、第9届全国少数民族传统体育运动会、第7届全国城市运动会、第12届全国冬季运动会、第7届全国农民运动会，举办地点涉及广州、深圳、贵阳、南昌、长春、南阳。单向高水平体育顶尖赛事8项，包括第14届世界游泳锦标赛、苏迪曼杯、第26届亚洲男子篮球锦标赛、世界女子拳击锦标赛、世界短道速滑锦标赛、第三届中国国际公路自行车赛、汤姆斯杯、尤伯杯等，举办地点分散在上海、青岛、武汉、秦皇岛、西安等地。一些国际性赛事和高水平的商业赛事也逐渐跻身于中国市场。国际知名体育人士进入中国赛场，如2011年恒大高薪聘请球员巴里斯奥、穆里奇、孔卡和克莱奥并巨资聘请教练里皮，2012年上海申花俱乐聘请德罗巴和阿内瓦尔，新疆广汇、浙江广夏等巨资聘请NBA球星。

2. 政策环境为休闲健身产业提供新的契机

2011—2013年是我国继北京奥运会之后的迎来的全民健身运动发展高潮。2011年2月5日，国务院颁发了《国务院关于印发全民健身计划（2011—2015）的通知》，通知指出"全民健身关系人民群众身体健康和生活幸福，是综合国力和社会文明进步的重要标志，是社会主义精神文明建设的重要内容，是全面建设小康社会的重要组成部分"。提出"广泛开展全民健身运动，加快体育强国建设的进程"。标志着我国全民健身运动进入了一个全新的发展时期，全民健身服务业在不断发展壮大。2012年11月，国家发改委与国家体育总局联合公布的《"十二五"公共体育设施建设规划》提出了"50%以上的街道（乡镇）、社区（行政村）建有便捷、实用的体育健身设施"，"有条件的公园、

[①] 如无特殊说明，本部分数据及相关观点均来自《中国体育产业发展报告2013》。

绿地、广场建有体育设施"等目标。在这样的政策环境之下，我国的全民健身运动将会得到长足的发展，为休闲体育健身业及其相关产业提供了新的发展契机。

3. 体育场馆的多元化运营

目前，我国主要的体育场馆经营方式为，58.8%为事业单位管理加少量经营活动，29.4%为事业单位企业化管理，11.8%为租赁经营。根据北京体育场馆经营状况表明，我国现有体育场馆的主要收入来源为场地出租和房屋出租，这两项收入占场馆总收入的60%。奥运会后我国举办国际赛事逐步增多，体育场馆的运营与管理日趋与国际接轨，逐渐从行政事业单位管理转向市场化运作方式，出现了多元化的运营方式。例如上海虹口足球场，运营涉及体育赛事、演唱会以及周边的商业开发，定位于打造中高档体育娱乐时尚生活区，成为上海市的文化产业示范基地。南京奥体中心还实施了"杨光体育校园行"计划，与学校联合开办游泳、滑冰、羽毛球和乒乓球等项目体育课，2012年上半年接待培训学员大约5万人次。南京奥体中心逐渐形成以健身、赛事、培训为主导，演出、会展、商业为补充的多样化发展模式，营业收入年均增速超过25%，并计划在2013年亚青会和2014年青奥会后再南部新城建立江心洲生态科技岛。

4. 中西部地区体育旅游的影响逐步扩大

2002年7月，青海举办首届环青海湖国际公路自行车赛，2005年"环湖赛"升级为亚洲顶级赛事，2012年7月，青海、甘肃、宁夏联手举办第11届"环湖赛"，再次引发了三地的"招商引赛热"。尽管"环湖赛"进行到第九年，组委会才实现收支平衡，但是可以有效地刺激当地的旅游发展。青海湖景区收入从2002年的100多万元到2011年的7500万元，9年增长了75倍。结合本土独特自然资源和人文资源的体育旅游成为西部地区体育娱乐产业崛起的典范。兰州市在马拉松比赛的带动下，2011年接待国内外游客达1407.4万人次，同比增长58.03%，共实现旅游收入102.93亿元，同比增长62.1%。除了餐饮、住宿、体育用品业的迅速提升，马拉松还提升了当地的城市形象，带动了城市群众体育发展。

（二）中国体育健身产业的存在的问题

1. 体育用品业大而不强，区域发展不平衡

2012年发布的《中国体育用品行业2010—2011发展报告》显示，"中国制造"已占据世界体育用品业的65%以上，很多体育用品种类和运动项目的生产

都占据世界市场的巨大份额。其中，运动鞋超过70%，乒乓球超过80%，羽毛球、羽毛球拍和网球拍等也占到世界总产量的70%～80%。但是在世界体育品牌100强企业中，美国占了绝大部分，日本超过10家，韩国有2家，而中国没有一家企业入围。在体育用品品牌领域上，美国占据全球的40%，欧洲33%，日本和东南亚占22%，中国远远落后于这些国家。相关数据表明，2012年中国劳动力成本普遍上涨20%～30%，而我国体育用品业的出口产品长期依托于劳动密集型产业优势，劳动力成本的上涨严重削弱了中国体育用品业的国际竞争力，我国体育用品业自2011年以来发展速度减慢。

我国体育用品行业的市场集中度较高，产业集群效应比较明显。中国体育用品产业主要集中在广东、福建、江苏、浙江、北京和上海6个省市，集中度超过65%。其中，运动鞋主要集中在福建晋江、广东东莞、浙江慈溪、江苏昆山，运动服的生产主要集中在福建石狮、广东中山、浙江海宁，运动器材的生产主要集中在浙江富阳和昌南、江苏江都和泰州、河北沧州，篮球、排球、足球用品的生产主要集中在上海、天津、浙江奉化和富阳、福建长泰和永林等地。体育用品竞争力较强的是东部部分经济较发达的省份，而中西部欠发达身份的企业竞争力较弱。

2. 市场管理体系不健全，配套产业缺失

健身作为一种"健康消费的生活方式"已被人们广泛接受，居民的休闲体育健身消费不断增长。由于我国目前的体育健身业的经营门槛相对较低，使得不少健身行业盲目的扩张、无序发展，甚至出现一些非专业人士管理、非专业团队运营的健身产业。以健身房的价格战为例，全国各大健身房近年来纷纷大肆降价以抢占市场，违背了房租、地价与人力相匹配的市场规律，形成恶性竞争。直接影响了健身房的服务质量，造成器械超负荷使用、场馆拥挤不堪、淋浴等设施紧张、教练专业素质低下等问题，破坏了体育健身业的整体形象和发展前景。

在布局上出现城乡严重不协调，经济发达的大城市大量健身业经营单位集中趋近饱和，而广大农村以公益健身项目为主，体育健身设施缺乏。我国体育健身产业正在形成集群式的有序发展，但是产业集群带和健身业配套产业相对滞后，缺乏统一的规划和协调管理，地方性配套能力不足，一定程度上限制了我国体育健身业的发展。

3. 体育场馆建设、管理、利用不合理

体育场馆是体育健身的重要环境依托，我国体育场馆业的发展具有诸多不足。虽然主张体育场馆建设与城市发展规划相结合，但场馆整体设计与后期运营管理相脱节。场馆越建越大，且越来越多，但规模大、贡献小、维护费用不足、配套不够完善，功能单一，使用率低下。以南京市为例，调查显示南京市拥有各类体育场地5000多个，占地面积1000多万平方米，数量之多在全国少有。其中，70%~80%的场地主要集中在各类学校，未能向社会开放，综合利用率不高，资源浪费严重。

4. 专业人才缺乏欠缺，从业人员素质偏低

休闲体育产业属于新兴行业，在我国发展起步较晚，面临人才匮乏的问题。目前我国专业的体育产业管理人员较为缺乏，例如在体育场馆运营方面，具备策划、组织、管理能力以及熟知赛事及其他活动运作规律的专门性人才供给不足，严重影响我国体育场馆的有效运营。在休闲健身方面，很多俱乐部的体育健身教练存在整体低龄化、学历偏低、从业时间短、经验不足的问题。

（三）中国体育健身产业的未来发展趋势

1. 休闲体育的内容将不断丰富、形式多元化

随着国民收入的增加和城乡居民休闲体育消费的增长，人们对体育休闲的需求也将不断提升。体育健身市场在促进群众健身、娱乐、休闲、社交发展的同时，也将逐渐细分出多元化、个性化的服务产品，以满足消费者对健身业不同项目、不同档次、不同体育价值文化的需求。随着市场管理体系的逐步完善，体育休闲产业将变得科学化和规范化，根据不同地域、不同性别和年龄特征而规划、开发出的休闲体育健身项目将趋向于科学性、合理性和创新性。随着传媒技术的不断开发，休闲体育传播的途径也将日趋快捷化、多元化、全面化。

2. 休闲体育的品质将进一步提升

更多的国际体育赛事将来华举办，更多国际大牌球员等进入中国体育赛场，使得更多高品质的体育赛事呈现给观众的同时，将推动我国休闲体育产业的设施建设、管理模式的发展，带动体育制造业和相关产业的发展，将我国休闲体育的整体水平得到进一步提升。一些管理体制上的改革也将推动休闲体育品质的提高，例如，2012年2月10日中国足协颁布《中国足球职业联赛管办分离改革方案（试行）》，表明我国职业体育将向更加职业化的水平发展，观众将会观看到更多精彩的体育赛事。体育竞赛产业仍然是我国未来体育产业的龙头，

继续带动体育用品、场馆业、健身娱乐业、体育传媒业以及各相关产业的发展。各类高水平体育赛事仍将快速提升我国各类体育赛事管理与经营的国际化水平。

3. 新媒体技术将继续推动休闲体育的快速发展

媒体是体育赛事宣传、传达休闲健身理念的强有力手段,也是观众实现互动的条件。在未来的体育休闲产业发展过程中,新兴的传媒技术将为人们提供快捷、丰富、多元、长时体育节目,使全民参与成为可能,推动休闲体育的快速发展。建立以电视传媒、报刊等平面传媒的网络联系,实施跨媒体、跨区域的"全媒体"立体传媒网络,是数字化环境下中国体育媒介产业未来的发展方向。新媒体技术促进休闲体育的多渠道传播,缩短大众与体育的距离。未来的体育传播将向社交化、移动化和视频化的方向不断发展,使观众观看的时间更加即时化、观看空间更加立体化。

4. 大众化健身时代的来临

在政策支持、经济刺激和内需拉动的共同作用下,我国健身业出现持续增长的趋势,全国健身俱乐部每年以上千家的速度递增,健身行业的从业人员数量与素质也在不断提升。全民健身运动的呼声将继续高涨,体育健身设施将逐步完善、健身活动的内容将更加丰富,人们的选择更加多元化。健身产业将从个人爱好转变成为一种时尚的生活方式。社区体育健身俱乐部将成为大力发展的公共健身项目。

大众化的健身潮流将推动休闲体育健身产业的集群,如北京、天津两地以"一线两山"、"四大功能圈"为主导的"环京津体育健身休闲圈",以及"长三角"、"珠三角"地区形成的体育健身产业带。健身产业将逐步成熟,发展成为与保险、医疗、康复等行业资源相互配套的产业链。

五、互联网产业[①]

(一)互联网产业的总体特征

1. 网民规模持续增长,网民上网时间增加

截至 2012 年 12 月底,我国网民规模达 5.64 亿,全年共计新增网民 5090

[①] 本部分基础数据来源:参考《2013 年中国传媒发展报告》之《中国移动互联网产业发展报告》和《中国互联网产业发展报告》、《第 31 次中国互联网络发展状况统计报告》。

万人。2012年中国互联网普及率为42.1%，较2011年年底提升3.8个百分点，普及率的增长幅度相比上年继续缩小。网民平均每周上网20.5小时，较2011年增加了1.8个小时。

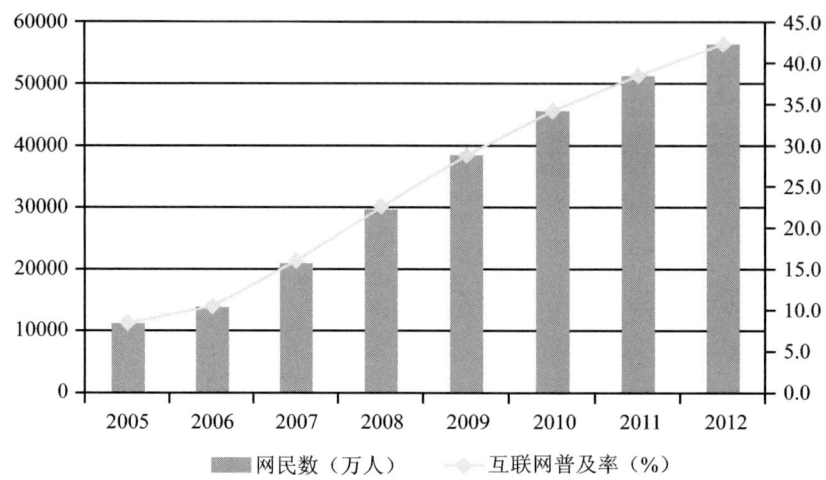

图6-11　中国网民规模与互联网普及率①

性别方面，中国网民中男女比例为55.8∶44.2，与2011年情况基本保持一致，男性与女性居民的互联网使用率仍存在一定差距。

年龄方面，网民中40岁以上各年龄段人群占比均有不同程度的提升，互联网在这些群体中的普及速度加快，中老年互联网休闲还有一定提升的空间。

学历方面，高中和大专以上学历人群中互联网普及率已经到了较高的水平，尤其是大专以上学历人群上网比例接近饱和。网民的增长动力来自低学历人群，截至2012年年底，网民中小学及以下学历人群占比提升至10.9%。未来互联网休闲方式将会朝着全民化、大众化的方向发展。

职业方面，由于学生群体的互联网普及率已经处于高位，同时近年来中国中小学生人数呈逐年下降趋势，作为网民中规模最大的职业群体，学生的占比在2012年降至25.1%。其次个体户/自由职业者占比为18.1%。企业公司中，管理人员占整体网民的3.1%，一般职员占10.1%。党政机关事业单位中，领导干部和一般职员分别占整体网民的0.5%和4.2%。另外，专业技术人员占比为8.1%。

---

① 数据来自中国互联网络发展状况统计调查（2013年1月）。

收入方面，网民中月收入在 3000 元以上的人群占比继续提升，达 28.8%，相比 2011 年底提升了 6.5 个百分点。

上网地点的选择上，网民在家中接入互联网的比例继续走高。2012 年底有 91.7% 的网民在家中上网，较上年底提升了 2.9 个百分点，增幅达到 3.4%。在网吧、学校机房等场所接入互联网的网民比例下降幅度较大，其中网吧网民占比下降了 5.5%，在学校公共机房上网的网民占比下降了 3%。居民不用出户就可以获得休闲体验，互联网将长期作为居民的一种优选休闲方式。

2. 手机上网快速普及，手机端商务应用迅速扩张

2012 年 12 月底，中国手机网民 4.2 亿，年增长率为 18.1%，较上年底增加约 6440 万人。网民中使用手机上网的人群占比由 2011 年底的 63.9% 提升至 74.50%，超过台式电脑（70.6%）和笔记本（45.9%）网民的数量，确立了中国第一大上网终端的地位。

电子商务类应用在手机端发展迅速，使用率整体大幅上涨。与 2011 年相比，手机网民使用手机进行网络购物的比例增长了 6.6%，用户量是上年底的 2.36 倍。手机团购用户在手机网民中占比较上年底提升 1.7%，手机在线支付提升 4.6%，手机网上银行提升 4.7%，这三类移动应用的用户规模增速均超过了 80%。

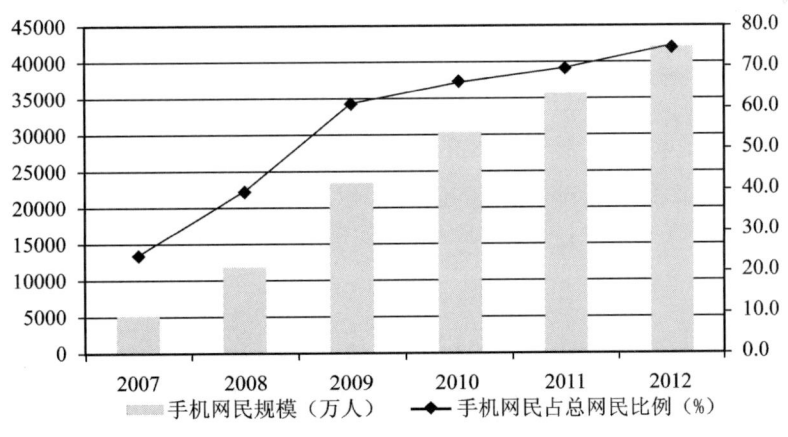

图 6-12　手机上网网民规模①

手机上网快速普及和以智能手机为主流的智能移动终端，改变原有的终端交互方式，使互联网使用的时间和空间发生了极大的扩展，为互联网休闲提供

---

① 数据来自中国互联网络发展状况统计调查（2013 年 1 月）。

了广阔的创新空间。手机上网为更多的地区和人群提供了使用互联网的可能性，包括偏远农村地区居民、农村进城务工人员、低学历低收入群体等。手机终端价格低廉、操作简易，改善了传统互联网的不足，可以满足更多人对初级的上网需求。移动互联网市场的巨大发展潜力，将为互联网休闲带来新的发展契机。

3. 微博用户持续增长，用户逐渐移动化

截至2012年12月底，我国微博用户规模为3.09亿，较2011年底增长了5873万，增幅达到23.5%。网民中的微博用户比例较上年底提升了6%，达到54.7%。微博作为一种休闲的交流方式，以其庞大的用户规模巩固了网络舆论传播中心的地位，给网民获取和传播信息、发表意见等方面带来很大的便利。

微博用户逐渐移动化，是微博持续走热的一大原因。2012年下半年PC端微博用户的活跃度出现停滞甚至下滑，微博日均覆盖人数从7月1.12亿的峰值下降至12月的0.87亿；日均访问时长也从7月份的峰值1172万小时下降至12月的778万小时。相当一部分用户阅读和发送微博的行为转移到手机终端上，截至2012年底手机微博用户规模达到2.02亿，即高达65.6%的微博用户使用手机终端访问微博，用户行为的移动化让微博成为移动互联网时代最具发展潜力的产品之一。

4. 网络购物和团购保持较高增长率

截至2012年12月，我国网络购物用户规模达到2.42亿人，网络购物使用率提升至42.9%。与2011年相比，网购用户增长4807万人，增长率为24.8%。在网民增长速度逐步放缓的背景下，网络购物应用依然呈现迅猛的增长势头，2012全年用户绝对增长量超出2011年1463万，增长率高出去年同期4%（2011年增长量为3344万，增长率为20.8%）。手机网络购物是网络购物用户增长的重要力量，2012年手机网购用户年增长136.5%，达到5550万人。用户购买力的提升，线上消费习惯固着和移动、社交网购形式的结合不断推动网络零售市场的壮大，电商企业频繁的低利润促销也持续激发用户的使用热情，带动了网络购物用户规模的加速增长。

团购作为一种特殊的网购形式，仍然是网络购物的一大增长点。截至2012年12月，我国团购用户数为8327万，使用率提升至14.8%，较2011年底上升3.3%。团购用户全年增长28.8%，依然保持相对较高的用户增长率。2012年是团购行市场逐步由扩张转向固守，在电子商务、旅行预订方面颇有成效，依托于老牌电商或者其他互联网服务企业的非独立团购网站在市场上的表现十分突出。未来团购市场还将在行业集中度持续提升中保持多样化的发展方向，团购服务与其他互联网服务融合趋势将进一步加深。手机团购依然是重要的增长领域，2012年手机团购用户增长88.8%，用户规模为1947万。

（二）互联网产业存在的问题

1. 互联网普及程度地区差异大，农村联网基础设施仍需完善

2012年我国网民普及率整体较高，且内地31个省（市、自治区）的网民规模均有不同程度的增长，但各省网民的规模差距仍然很大。2012年底，中国共有八省市超过一半常住居民已转化为网民，北京和上海的互联网普及率达七成左右，达到了北美国家、大部分西欧国家以及日本和韩国等高普及率国家的水平；广东、福建、浙江和天津互联网普及率在60%左右，辽宁和江苏达50%，与俄罗斯和巴西这两个新兴市场国家同水平。山西、海南、新疆、青海、河北、陕西、重庆、宁夏、山东、湖北等十省市的互联网普及率在40%~50%之间，而内蒙古、吉林、黑龙江、广西、湖南、西藏、四川、安徽、甘肃、河南、贵州、云南、江西等省市的互联网普及率不到40%。

农村网民规模略有提升，但与城镇差距仍然很大。截至2012年12月底，我国网民中农村人口占比为27.6%，相比2011年略有提升，规模达到1.56亿，比上年底增加约1960万人。农村互联网普及工作的取得一定的成效，但是目前城乡互联网普及率仍存在较大差距，截至2012年底，我国城镇居民中的互联网普及率已经达到约六成，而农村地区目前只有23.7%。

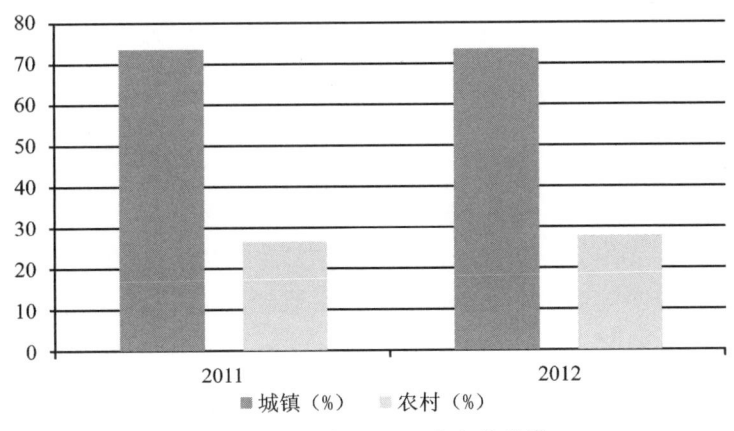

图6-13 中国网民城乡结构①

---

① 数据来自中国互联网络发展状况统计调查（2013年1月）。

2. 互联网基础设施的建设以及互联网知识的普及有待加强

相关调查显示，上网意向比较强烈的非网民（即潜在网民）不上网的限制原因除了自身生活习惯限制没有时间上网以外，另一个重要阻碍非网民上网的原因是硬件条件的限制，包括没有上网设备和当地无法联网等原因。目前我国互联网基础设施建设还不够完善，网络接入以及上网终端的费用等还存在一定的门槛，使有上网意愿的网民，不能享受到互联网休闲和娱乐。

非网民没有上网意向的，大多是因为不懂电脑及网络技术和年龄太大。人们上网需求不强，说明互联网的各种应用与现实生活存在距离，无法刺激人们学习并接受互联网的应用。目前我国互联网应用形式创新有限，还无法做到针对不同人群设计的服务模式，网络世界与线下生活的结合还不到位，上网硬件设备的智能化和易操作化还有待加强。当前互联网使用还存在技术门槛，对个人的知识技能有一定要求。

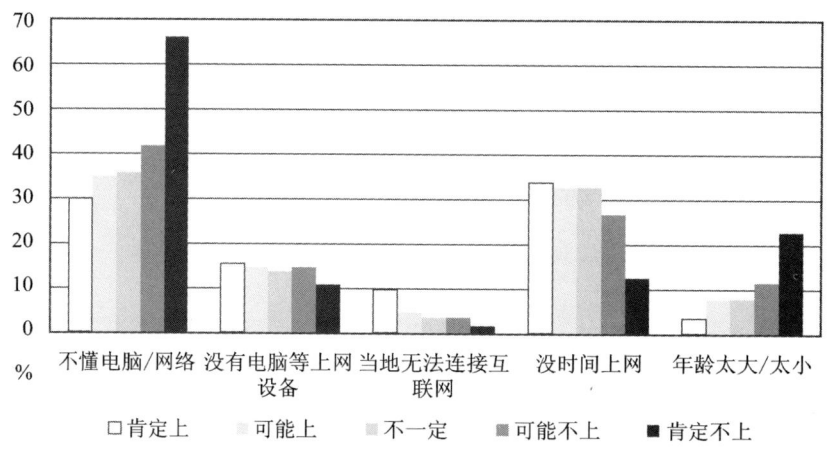

图 6-14 非网民上网意向与不使用互联网的原因①

3. 网络安全性问题

互联网产业的安全性问题，主要涉及无线通信设备和运行环境的安全性、互联网业务应用安全以及信息安全等。随着中国移动互联网产业的不断升级和网民规模激增，网络规范和管理出现一定的困难。一是网络诚信问题，一些互联网企业或个人在进行互联网交易或服务时，经常出现服务滥用、服务否认、

---

① 数据来自中国互联网络发展状况统计调查（2013年1月）。

企业无序竞争等问题。二是网络诈骗问题,包括信息的非授权使用、网购消费欺诈、用户信息泄露、手机操作系统漏洞被利用、网络交友被骗、钓鱼网络虚假中大奖等。三是程序安全问题,如木马程序、僵尸网络、网络钓鱼、手机恶意程序。由于我国长期以来严重依赖国外操作系统和应用软件,因而在网络安全性问题上,尤其是技术层面的安全管理上尚缺乏一定的保障,往往出现诸如无法独立弥补漏洞实现升级的局面。在网络用户规模保持快速扩张的同时,市场结构也进入加速优化期,但行业监管手段一定程度上滞后于市场发展。

4. 互联网休闲内容品质有待提升

尽管我国移动互联网发展迅速,产品不断推陈出新,但是在网络视频、网络游戏、网路购物等休闲产品的内容创新上却得不到较大的发展。往往出现注重产品的快、新,而忽略了产品的质、感,注重经济效益而忽略社会效益的发展,强调个性但缺乏核心的价值理念。最为明显的就是网络游戏的开发,国内网络游戏长期以来一直存在同质化、低俗化、人才缺乏、产权保护不理想等问题,严重阻碍行业品牌形象的树立。很难从单纯娱乐性向文化传播与娱乐性兼顾实现转变,因而长期以来只能保持低位发展。

(三) 未来互联网产业发展的趋势

1. 互联网应用环境将逐步改善

2012年5月,工业和信息化部发布了中国互联网行业的第一个专题五年规划《互联网行业"十二五"发展规划》。该规划明确了行业的七大发展目标,使之更好服务于经济发展和社会民生的九大任务,以及保障任务完成的八大措施,充分表明,在国家层面发展和完善互联网应用环境是一项十分重要和紧迫的工作。2012年6月28日,国务院发布《关于大力推进信息化发展和切实保障信息安全的若干意见》,12月28日第十一届全国人民代表大会常务委员会通过《关于加强网络信息保护的决定》等。这些规划和决定的出台,标志着我国正式把互联网产业进入了新的政策时代,未来中国互联网的有序发展将得到强有力地推进。

此外,2012年11月1日,在中国互联网协会组织下,百度、搜狗、奇虎360、腾讯、网易、新浪、即刻搜索等12家企业在北京联合签署了《互联网搜索引擎服务自律公约》,承诺积极构建健康、文明、向上的互联网搜索引擎传播秩序,明确了互联网搜索服务企业应遵循国际通行的行业惯例与商业规则,遵循公平、开放和促进信息自由流动的原则,营造鼓励创新、公平公正的良性运行环境。行业自身的组织规约的签署，对于减少恶性竞争，进行行业组织调解和互联网治理具有积极意义，也预示着未来我国互联网产业发展的环境将会得到不断改善。

2. 手机网民继续增长，手机网络休闲更加频繁

我国目前的网民数量规模庞大，网民增长和普及率开始进入相对平稳的时期。在未来的发展中，随着智能手机等终端设备的普及、无线网络不断升级，手机网民数量将再度提升，带动移动互联网的发展。由于手机打破了时间和地点的限制，让交易随时随地发生，因此手机购物等手机互联网的应用将拉动消费者的休闲消费。手机休闲服务将逐渐丰富，从服装日化、电影、酒店预订和支付等各种休闲需求都可以在手机端完成，十分便利，极大满足了消费者的休闲生活。未来手机网络的运用将会实现上网时长增加、应用深度加强，使用功能的更加丰富。

3. 越来越多的人可以享受到互联网的休闲服务

随着我国互联网的基础设施建设不断加强，互联网知识的不断普及，将有越来越多的人可以享受到互联网的服务。未来移动互联网将不断发展，以手机为代表的移动终端对互联网有着更高的要求，未来的互联网产品将不断得到优化。移动即时通信、手机搜索、移动网络游戏、移动营销、移动视频、移动音乐等在技术、内容和形式等方面将会朝着智能化、多元化和个性化的方向不断发展。手机阅读内容和游戏操控将会更加简洁、视频精度有所调整。各大搜索引擎公司不将断优化手机搜索客户端，不断丰富产品、提升用户体验，未来移动终端搜索引擎产品，将呈现个性化、多元交互形式和基于地理位置服务等发展趋势。

随着市场的不断开放，未来互联网企业一家独大的格局将会打破，市场终会走向多元化发展格局，不同企业利用自身优势，实现差异化发展。互联网产品将不断朝着智能化方向发展，实现技术与人工智慧的融合，提供多样化、个性化和本土化的服务。

六、结论

（一）中国休闲产业在总量规模、内部结构两方面持续向好

中国旅游产业总收入、游客出游率均保持增加趋势，城镇居民与农村居民

的出游特征虽然仍然保持不均衡特点,但是已呈现出均衡化趋势;餐饮产业虽然增长速度不断降低,但是总体规模仍呈现持续扩大趋势,而且,大众化餐饮企业迅速增长,餐饮企业在竞争中加快转型和升级步伐;文化娱乐产业总体规模稳步提升,文化产业集群不断形成,骨干企业不断壮大,科技创新将成为文化发展的重要推动力;体育健身产业总体特征仍然是大而不强,而且区域发展不均衡,但中西部地区体育旅游的影响逐步扩大。

(二) 受多重影响要素的共同作用,中国休闲产业将继续保持现有发展势头

据研究表明,政策与制度因素、休闲基础设施、经济因素、社会和文化因素是影响我国休闲产业发展的主要因素。

(1) 政策制度环境方面。政策制度环境是影响休闲产业发展的关键因素,近些年,国务院及相关部委出台政策制度引导我国休闲产业又好又快发展,以《国民旅游休闲纲要》为标志的国家文件的颁布实施,将从政策制度上为休闲产业的发展保驾护航,同时,各地方政府力推我国休闲产业蓬勃发展,目前,东部地区休闲政策领跑全国,西部地区力争发展休闲战略型支柱产业。

(2) 休闲基础设施方面。除了旅游者等休闲主体所直接感受到的自然环境以外,交通、通信等基础设施以及公共服务设施等的不断完善,为推进国民参与休闲频次、丰富休闲活动类型和提高休闲质量提供了强大的推力。交通、信息、公共休闲设施的建设与完善,为休闲产业提供了发展动力和空间载体。以交通为例,高铁为代表的高速交通格局的逐步形成,综合交通运输体系的日趋完善,为国民潜在消费需求转化为现实消费需求提供了有力支撑,为国民休闲消费注入了强大的动力。

(3) 经济因素。改革开放 30 多年来,随着我国社会主义市场经济的不断发展与完善,我国的综合国力显著增强,人民生活水平不断提高。人均国内生产总值由 1978 年的 381 元提高到了 2010 年的 29 992 元。居民消费支出已经达到了 133 290.9 元。我国居民的生活水平大幅提高特别是消费支出水平的提高为居民休闲提供了有力保证同时也有利于休闲产业的大力发展。按照全球休闲与旅游业发展的一般规律,一个国家当人均 GDP 达到 3000～5000 美元,就将进入休闲消费、旅游消费的爆发性增长期。我国人均 GDP 在 2008 年就已经超过 3000 美元,今后我国将进入休闲产业发展的高峰期。

(4) 社会文化因素。我国"十二五"规划中指出大力发展文化、体育事业。提供优质丰富的文化产品,不断满足人民群众的精神文化需求。同时,人们的消费观念开始向休闲转变，这种自内向外对休闲的需求，将有力推动休闲产业的发展。

休闲基础设施是休闲活动运行与发展的基础，它不但为休闲活动提供场所和资源，甚至决定着休闲产品的产生和内容形式。政策制度环境是作用休闲产业发展的关键因素，直接决定着休闲产业的发展方向；经济因素对休闲产业的影响非常重要，它不但直接地对休闲产业产生着重要的有时甚至是决定性的影响，而且还通过政治、文化教育等其他环境因素的影响来间接地对休闲产业产生影响；文化因素和社会因素为休闲产业发展提供有力支撑。在上述因素的共同作用下，我国休闲产业将继续保持持续向好的趋势。

第七章
中国休闲产业发展的环境与预测
2012—2013

随着经济水平的增长与生活理念的变迁，人们对休闲的需求日益增长，休闲已成为日常生活中不可或缺的重要内容。本报告的前六章分别从居民休闲时间特征、休闲内容特征、休闲空间特征，以及休闲类企业发展、休闲产业发展等方面对我国的休闲作了深入的研究。本章从中国休闲发展环境分析出发，探讨了目前休闲产业发展过程中存在的问题，并对休闲发展的趋势作出了预测，最后提出了利于中国休闲发展的对策及建议。

一、2012—2013年中国休闲发展环境分析

（一）政策法律环境分析

随着国家战略对民生建设关注的持续加强，2012—2013年一系列利于休闲产业发展的重大政策陆续出台，包括《国家"十二五"时期文化改革发展规划纲要》、《关于金融支持旅游业加快发展的若干意见》、《关于在餐饮业厉行勤俭节约反对铺张浪费的指导意见》等。

2013年2月，国务院办公厅公布《国民旅游休闲纲要（2013—2020年）》（以下简称《纲要》），《纲要》明确指出了我国旅游休闲的发展方向，即保障国民旅游休闲时间、改善国民旅游休闲环境、推进国民旅游休闲基础设施建设、加强国民旅游休闲产品开发、完善国民旅游休闲公共服务及提升国民旅游休闲服务质量，以达到"2020年，职工带薪年休假制度基本得到落实，城乡居民旅游休闲消费水平大幅增长，健康、文明、环保的旅游休闲理念成为全社会的共识，国民旅游休闲质量显著提高，与小康社会相适应的现代国民旅游休闲体系基本建成"的旅游休闲产业发展目标。《纲要》的颁布将进一步推动带薪休假制度的落实，改善休闲环境，引导居民休闲理念的树立，有助于我国休闲产业的全面健康发展。

2013年4月，《中华人民共和国旅游法》（以下简称《旅游法》）公布。《旅游法》第二条指出在中华人民共和国境内的和在中华人民共和国境内组织到境外的游览、度假、休闲等形式的旅游活动以及为旅游活动提供相关服务的

经营活动,适用本法;第二十三条指出国务院和县级以上地方人民政府应当制定并组织实施有利于旅游业持续健康发展的产业政策,推进旅游休闲体系建设。《旅游法》为中国旅游休闲的发展提供了强有力的法律支撑。

在国家利好政策支持下,国家旅游管理部门及各地方积极探索有助于推动休闲产业发展的各项措施:旅游综合改革试点工作稳步推进;全国休闲农业与乡村旅游示范县、示范点创建活动持续开展;2013年4月,浙江省衢州市获批为"首个国家休闲区创建试点城市";地方生态休闲养生(养老)基地建设、城市休闲综合体建设纷纷开展等。

(二) 社会经济环境分析

2012年,受发达国家债务危机拖累,全球经济仍停留在缓慢复苏阶段,国际贸易增速回落。党中央、国务院坚持稳中求进的总基调,2012年中国国内生产总值(GDP)达到519 322亿元,居世界第二位。2013年,国际经济环境更具复杂性及不确定性,国内经济运行则相对平稳。国家统计局公布的数据,初步核算,2013年上半年国内生产总值248 009亿元,按可比价格计算,同比增长7.6%。其中,一季度增长7.7%,二季度增长7.5%。按照产业来看,第一产业增加值18 622亿元,增长3.0%;第二产业增加值117 037亿元,增长7.6%;第三产业增加值112 350亿元,增长8.3%。从环比看,二季度国内生产总值增长1.7%。统计局消息显示,2013年我国居民的收入也呈现稳定增长的趋势。上半年,城镇居民人均总收入14 913元。其中,城镇居民人均可支配收入13 649元,同比名义增长9.1%;农村居民人均现金收入4817元,同比名义增长11.9%。[①] 我国经济的稳步增长和居民生活水平的逐渐提高,为休闲产业的发展提供了良好的生长环境。目前我国休闲产业正处于高增长时期,是拉动内需、扩大消费的重要力量。

---

① 数据来自国家统计局网站

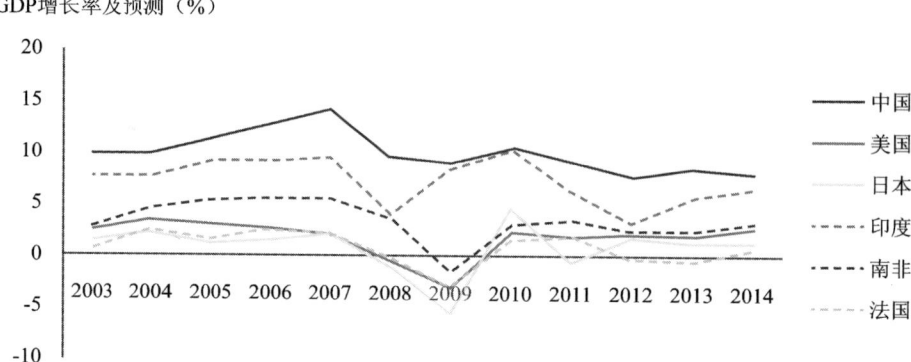

数据来源：世界银行及国际货币基金组织

图7-1　各国生产总值增长速度

二、中国休闲发展趋势预测

总体来说，由于各方对休闲产业的关注以及资本投资的活跃，中国休闲产业发展态势良好，但同时也存在一些亟待解决的问题。

（一）当前中国休闲发展中存在的问题

1. 政策对居民休闲实际产生的指导作用不大，居民休闲时间较少，休闲质量偏低

虽然我国的休假制度在政策指导下正逐步完善，但有研究指出公共假期的增加并不表示居民的实际闲暇时间也随之增加。由于我国现阶段仍处于社会主义初级阶段，大多数居民的生活压力导致他们自愿放弃闲暇时间用于生产，而减少了参与休闲活动的时间。2012年，不同人群工作日的闲暇时间为2~4小时的占45.7%，不到2小时的占26.3%，而居民用于休闲活动的时间为1~2小时的占到48%；尽管不同人群周末的闲暇时间为2~4小时的占29.4%，7小时以上的占26.1%，但休闲活动时间却集中在1~2小时和3~4小时。较短休闲时间则在一定程度上导致了居民在较小的范围内开展休闲活动，数据显示2012年62.2%的居民的休闲半径在2公里以内。另外，41%的城市居民及48.9%的农村居民表示工作时间过长、工作过于劳累是制约其休闲质量提升的主要因素。

2. 休闲消费观念较为落后

2012年,居民工作日休闲内容为上互联网的为37.7%,看电视的为34.5%;周末休闲内容为看电视的占25.5%,上互联网的为24.9%,实地购物占24.8%;而节假日居民的休闲内容选择本市景区景点的占26.1%,看电视的占20.7%,而选择戏剧、博物馆、健身等休闲内容的居民较少,可见,我国居民的休闲活动内容还较为传统,休闲消费观念与欧美发达国家间还存在较大的差距。同时,有学者指出当前我国居民的休闲活动多为伪休闲、浅休闲、忙休闲,休闲对人产生的积极影响还未完全体现。

3. 区域休闲产业发展不平衡

受地理区位、经济发展水平、民俗历史等因素影响,我国各地区休闲产业的发展程度仍存在着较大的差异性。东部地区的休闲类场馆设施经营好于中西部地区,一线城市及副中心城市的休闲产业发展程度高于二、三线城市。有研究显示,根据体育场馆所在的地理位置来看,北京、上海、广东、江苏、浙江等发达省市的体育场馆分布明显好于其他地区。

4. 产品结构体系不够健全

休闲产业涉及餐饮、体育、文化娱乐、互联网等多个行业,尽管近年来各行业都取得了快速的成长,但总体而言产品开发略显单一,重复建设现象较多,投资者多着眼于短期利益,忽视各阶层、各年龄段等消费者的不同特征,不能完全满足其休闲需求。同时,产业内各行业良性互动发展欠缺,休闲综合体的品质还有待进一步提升。另外,我国休闲产业发展过程中还存在公共休闲设施档次偏低、管理粗放等问题,部分地区的休闲产业已逐步从"总体短缺"转为"数量过剩"、"质量短缺"的发展阶段。

5. 休闲项目经营管理标准化程度低

休闲产业内容庞杂,目前的主流研究集中于单体研究,对休闲产业的经营机制、管理体制、创新体系等的研究较少,没有形成统一的观点或体系用于指导休闲项目的经营管理。产业内各行业标准化程度参差不齐,除餐饮行业外,针对其余行业的政策性文件、生产经营规范制度较少。与此同时,国内长期以来的多头监管、监管不严,以及市场准入门槛低等原因使得休闲产业企业良莠并存的现象难免存在。例如,美容美发、健身行业中屡次发生经营者停业后会员卡内余额无处讨回的情况,直接影响到消费者的休闲感知。此外,经营管理标准化程度低也直接影响休闲企业的收益。

（二）中国休闲发展趋势预测

1. 发展环境进一步优化，我国迎来大众休闲时代

作为世界第二大经济体，我国人均 GDP 已超过 5000 美元，公共假期已有 115 天，达到中等发达国家水平。2012 年我国以近 30 亿人次的国内旅游市场规模，位居世界第一；出境旅游人数超过 8000 万人次，居全球第三，对世界旅游市场贡献率超过 7%；入境过夜旅游人数达 5772 万人次，继续位居世界第三。可以说，我国发展休闲产业具备广阔的市场前景。在此前提下，国家层面将继续出台一系列有助于优化休闲产业发展环境的政策措施。2013 年 1 月，《国家发展改革委关于优化和调整银行卡刷卡手续费的通知》发布，调整后的餐饮刷卡率降至 1.25%，且单店营业面积在 100（含 100）平方米以下的餐饮类商户按一般类商户 0.78% 的费率标准执行。对此，有学者保守估算实施后一年将为行业节约 30 亿元。在利好消息的引导下，未来将有更多的民间资本进入休闲产业。同时，全球大众休闲的背景下，随着《国民旅游休闲纲要（2013—2020 年）》的逐步推动，居民将拥有更多的可支配休闲时间，并且自发参与到休闲活动中去。中国将迎来真正意义上的大众休闲时代。

2. 休闲产业体系日益完善，居民休闲方式趋向多元化

从本次调查数据看，目前上互联网、看电视、实地购物、散步遛弯等仍旧是居民的主要休闲形式，一方面这与片段化的闲暇时间有关，另一方面也体现出已有的休闲产业体系不够完善、休闲产品不够丰富的弊病。区域、性别、年龄、职业、婚育状态、文化程度等的不同意味着居民对休闲的需求是多层次的、复杂的，同时随着居民休闲意识的增强以及信息获取渠道的增多，越来越多的居民将追求高质量的休闲体验，要求休闲企业提供全面的、精细的休闲产品或服务。为了从竞争激烈的市场中成功突围，休闲企业必将从升级了的需求出发改变供给。以餐饮行业为例，消费者对餐饮的安全、品质、营养等诉求越来越高，同时受政府对财政支出的强化管理以及对节俭风气的大力推广的影响，餐饮行业不得不根据这种消费形式的转变而改良自身的菜品、服务以及营销方式。

可以预见，中国休闲企业及休闲产品的发展趋势将主要体现为以下几个特点：

（1）休闲客体的类别逐步健全。在市场的推动下，休闲产业的发展将更关注休闲主体——"人"的体验，一批休闲新业态、休闲综合体将陆续涌现，这些休闲企业及其产品符合居民不同层次的需求，涉及各个专业领域，突出表现为规模大、集群化、专业化、规范化、高端化等特性。同时，伴随地方政府对休闲产业的倾向性增强，财政支持力度加强，行业糅合度提高，休闲城市的建设也将进一步完善。以体育行业为例，近年来，以往仅关注竞技体育专项休闲产品建设的局面已经逐步向竞技体育与大众休闲发展并重转变；体育休闲场馆布局趋于合理，城市周边和农村地区开始得到开拓。

（2）对品牌溢价的追求。市场的竞争关键是品牌的竞争。随着大批国际知名休闲品牌的引进以及本土品牌的快速成长，企业只有致力于品牌打造，增加品牌价值，追求品牌溢价才能占据更大的市场，成为产业引领者。同时，休闲产业的国际化程度也将得到显著提升。2012年，我国就相继引进了世界女子拳击锦标赛、世界短道速滑锦标赛、中国国际公路自行车赛等世界顶尖体育单项赛事。

（3）科技创新将成为产业发展的重要引擎。信息时代的到来使得休闲企业的发展必将根植于高科技的应用。餐饮业、传媒业等都是与居民生活息息相关的行业，目前新兴的科技手段及科技产品已逐渐为这些行业所运用。除此以外，由于网络经济的日益发达，未来将有更多的休闲企业借助互联网来取得发展。以网络购物为例，2012年我国网络购物市场交易规模首次进入万亿元时代，达13040亿元，占社会消费品零售总额的6.2%。

3. 休闲产业经济成为国民经济新的增长点

休闲产业作为国民经济的重要产业之一，近年来发展势头强劲，已经成为引人注目的新的经济增长点。2012年全国餐饮收入实现23 448亿元，同比增长13.6%，占社会消费品零售总额的11.15%，从业人员超过2200万人，缴纳营业税及附加费约1300亿元，为扩大消费、促进就业做出了重要贡献。而我国内地的票房规模连续第十年保持着30%以上的增长速度，2012年票房总量超过170亿元人民币，一跃成为全球第二大电影市场。

4. 休闲产业的发展将被赋予更多的社会意义

居民休闲的目的不仅在于修养身心，还在于获得身份认同，通过休闲这一载体达到有效的社会交往、信息沟通与自我提升。随着休闲产业的深入发展，休闲作为生活中不可或缺的一部分，多样化的休闲内容会丰富居民的精神生活，有助于和谐社会的构建。休闲产业的发展水平即是衡量生活品质的标准，还是衡量一个地区社会文明及经济发展水平的重要指标。总之，休闲产业的发展将为中国带来深远的社会意义，而这一意义也将会为更多的人认识。

三、中国休闲发展的对策与建议

（一）对休闲企业的建议

由于休闲企业种类繁多，单体规模不一，因此休闲企业要取得持续发展，必须立足自身特点，顺应国家休闲发展大趋势。以餐饮行业为例，中央出台的关于改进工作作风、密切联系群众的八项规定及六项禁令等宏观政策将持续对其产生影响。在此背景下，高星级酒店等部分高端餐饮场所应转变产品供给及营销渠道，拓展大众市场。同时，由于部分休闲者将更青睐户外休闲活动，相对应的企业应当抓住机遇，针对市场需求对传统的休闲产品进行转型升级，提供多元化的符合休闲者需求的服务。

具体来说，休闲企业要注重的内容包括：第一要关注顾客体验，在分析休闲需求的基础上，细分市场，完善服务供给，提供更有针对性的个性化休闲产品，提升品牌竞争优势；其次要把握时机，合理融资，理性扩张，谋求长足发展；第三要借鉴国际经验，引进先进的技术手段和管理策略，探索适合自身的发展模式，提升服务质量；第四要与时俱进，多运用微博、微信等新兴社交平台进行产品推广，并与休闲者交互信息；第五，休闲企业在发展过程中应考虑本土化与现代化的结合，彰显特色；最后，休闲企业还要重视社会责任，增强自我监督，为居民开展积极的休闲活动提供适宜的场所与环境。

（二）对职能部门的建议

1. 进一步改善休闲发展的政策环境，深入推进政策创新与落实

政策保障是休闲产业可持续发展的基本前提。尽管目前的各项法规政策正在持续改善，并为休闲产业的发展带来较大的利好消息，但是我们也可以看到政策宏观指导性强、微观落地性弱的不足。同时，行业与行业间的政策支撑具有明显差异，且衔接度低。休闲产业涉及的行业多、范围广，相关政策的制定应当以可操作性强为基本原则，与金融、土地、卫生等管理部门结合起来，以达到健全规范休闲业经营的法律法规的目标。只有深入推进政策创新，立足于产业发展切实存在的问题制定相应的政策，短期政策与中长期政策相结合，并且考虑政策落实的具体办法，增强政策弹性和效应，才能为休闲产业的成长营造一个宽松、有序的发展环境。

首先，全力保证居民的休闲权，落实《职工带薪年休假条例》，鼓励机关、

团体、企事业单位引导职工灵活安排全年休假时间，完善针对民办非企业单位、有雇工的个体工商户等单位的职工的休假保障措施。出台相关法律保障居民的休闲权益不受侵害。其次，鼓励企业将安排职工旅游休闲作为奖励和福利措施，政府部门可根据企业的作为凭据实施相应的奖励办法。第三，在财政、信贷、税费等方面出台相应政策，帮助中小企业拓展业务、提档升级，同时做好资本市场服务，鼓励有能力的休闲企业上市融资。

2. 进一步增强全民休闲意识，完善公共休闲产品体系

休闲主体的需求是产业发展的内核。进一步在全国范围内增强居民休闲意识，刺激消费，有利于休闲产业的全面发展。各级政府应全力推动《国民旅游休闲纲要（2013—2020年）》的落实，加大宣传力度，使社会普遍懂得休闲的价值所在，形成全民休闲的良好氛围，完善各项基础设施建设，保障公共休闲产品供给，逐渐引导居民从被动休闲转变至主动休闲，从消极休闲转变为积极休闲。一是继续推进休闲类公共场馆的免费开放，鼓励民间非营利组织参与到休闲业的发展中来；二是推动财政支出在公共休闲产品建设上的倾斜，关注乡村休闲业态改造，确保中西部农村偏远地区有适宜的产品供应；三是完善居民旅游休闲的公共服务，完善道路标志系统，加强旅游休闲的安全、卫生等保障工作；四是抓住机遇，挖掘文化，大力推动地方特色休闲产业发展。

3. 进一步加强理论基础研究，构建科学、高效的管理模式

关于休闲产业的研究是较为新兴的课题，对于"休闲"产业的内涵，学界尚未有统一的观点形成。而休闲产业的发展涉及哲学、经济学、社会学、文化学等多门学科，只有进一步加强理论基础研究，完善休闲理论体系，建立专业的职能管理机构，构建科学高效的管理模式，才能为政府制定相关休闲政策提供强有力的逻辑支持，在最大程度上支持休闲产业的发展。另外，要建立专业的信息统计与发布平台，及时更新相关信息并予以公布；要增设高校休闲类课程，培养高素质的专业人才；要规范各休闲类行业标准，强化市场监管，有效提高行业水准。

4. 进一步提升城市休闲水平，鼓励休闲企业个性化发展

各地方政府应以"利于居民健康和福利"为宗旨合理利用资源开展休闲城市建设，并将其作为休闲目的地进行整体营销宣传；助推各类资本进入休闲产业，保持休闲市场的活力；鼓励企业根据自身特点和需求开辟个性化发展路径，增强企业竞争力；引导产业集群发展，优化产业结构布局；引进一批国际知名

休闲品牌及高层次专业人才，全力提升我国休闲企业的国际化水平；创造条件，协助各企业运用高新技术开发和管理休闲产品；鼓励企业立足自身优势，开展多元化发展，提升休闲产品内涵和服务质量，增强品牌价值，扩大品牌知名度与号召力；致力于为休闲企业搭建与国内外行业引领者学习合作的平台，及时提供国际市场信息。

责任编辑：郭珍宏

图书在版编目(CIP)数据

中国休闲发展年度报告. 2012~2013 / 中国旅游研究院著. -- 北京：旅游教育出版社, 2013.9
ISBN 978-7-5637-2771-1

Ⅰ. ①中… Ⅱ. ①中… Ⅲ. ①闲暇社会学—研究报告—中国—2012~2013 Ⅳ. ①D669.3

中国版本图书馆 CIP 数据核字(2013)第 216276 号

中国休闲发展年度报告 2012—2013

中国旅游研究院　著

出版单位	旅游教育出版社
地　　址	北京市朝阳区定福庄南里1号
邮　　编	100024
发行电话	(010)65778403　65728372　65767462(传真)
本社网址	www.tepcb.com
E - mail	tepfx@163.com
印刷单位	北京中科印刷有限公司
经销单位	新华书店
开　　本	787 毫米 × 1092 毫米　1/16
印　　张	11.5
字　　数	148 千字
版　　次	2013 年 9 月第 1 版
印　　次	2013 年 9 月第 1 次印刷
定　　价	56.00 元

(图书如有装订差错请与发行部联系)